Los lenguajes de programación: C, C++, Epi , Java, JavaScript y Php

Contenido

Introducción

Este libro presenta varios lenguajes de programación, para conocerlos y compararlos, con el lenguaje de programación Epi; cuyo desarrollo comenzó sus débiles pasos en 2010. Dicho lenguaje ha sido diseñado para favorecer el aprendizaje de la programación, manteniendo su utilidad en el ámbito profesional.

El lenguaje Epi no genera código objeto, ni código intermedio. Genera código en otro lenguaje de programación. Y no lo hace de una manera absoluta, sino que deja parte del código resultante pendiente de su compleción por parte del programador. La gran ventaja que proporciona es que, desde el código escrito en Epi, se podría generar código en C, C++, Java, JavaScript y Php, simplemente, implementando esos módulos de traducción. Y, probablemente, vaya incrementándose la lista de lenguajes de destino con el tiempo. Además, unifica los nombres de las acciones a disposición del programador. Las cuales estarán disponibles en C, C++, Java, JavaScript y Php.

Denominamos como la firma de una función al nombre de la misma y a los datos adicionales mínimos necesarios para identificarla de manera única. Dichos datos varían de un lenguaje de programación a otro.

En este libro se describen los lenguajes de programación: C, C++, Epi, Java, JavaScript y Php; de modo que puedan adquirirse un conocimiento suficiente de los mismos. La estructura de los capítulos comienza con la programación funcional-procedural y continúa con la programación orientada a objetos.

El lenguaje Epi fue presentado en la tesis doctoral de Emilio Aguilar Gutiérrez (el autor de este libro) en 2013, y su evolución está soportada por la comunidad global de desarrolladores. Usa el idioma español, es gratuito y de código abierto.

El primer paso: El archivo

Una aplicación informática, normalmente, parte de un código escrito en un lenguaje de programación. Éste es convertido en un código distinto que puede ejecutarse en un ordenador. O bien directamente por el procesador del mismo (la unidad de procesamiento y control (CPU)); o bien por un programa que realiza el proceso de ejecución su lugar. Este último programa puede ser una máquina virtual, que ejecuta un código parecido al del procesador de un ordenador; o un intérprete, que toma el lenguaje de programación y lo convierte a un código que es ejecutado directamente por él, sin imitar el procesamiento de un ordenador.

En el caso de C, C++, Epi, Java, JavaScript y Php, todo el código se escribe en archivos de texto. Luego, C y C++ son compilados y enlazados para generar código máquina que se ejecuta por el procesador del ordenador; Java genera código que es ejecutado por una máquina virtual; JavaScript es interpretado por un motor de ejecución, que está integrado en los navegadores Web, como Chrome, Firefox, Internet Explorer u Ópera; y Php es interpretado por un componente que se instala como un módulo dentro de un Servidor Web, que pasa a ser un servidor de Aplicaciones. Respecto a Epi, se escribe en un archivo y, después, el proceso de traducción lo convierte a código en los otros lenguajes de programación.

Los archivos que contienen código C suelen tener la extensión: .c, y .h; los de C++: .cpp, y .hpp; los de Java: .java; los de JavaScript: .js; los de Php: .php; y los de Epi: .epi. Los archivos resultantes de compilar C y C++, tienen la extensión .obj, ó .o; los resultantes de compilar el código Java tienen la extensión .class.

Los nombres de los archivos deben tener relación con el código que contienen, pero en C, C++, JavaScript y Php, esto no es obligatorio. En Java el nombre del archivo debe coincidir con la clase pública que contiene. En Epi el nombre del archivo debe coincidir con el nombre de la acción que presenta en su interior. En Java, además, las carpetas deben coincidir con el nombre de los paquetes de clases.

Una aplicación organiza su código fuente a partir de una carpeta. Y todos los archivos programados para esa aplicación deben estar en esa carpeta o en subcarpetas de la misma. Pero, en el caso de Epi, también pueden almacenarse en el repositorio de acciones, que es un servicio dispuesto en Internet para almacenar código Epi y compartirlo para toda la comunidad de desarrolladores.

Para escribir código de programación bastaría con un editor de texto normal y corriente. Pero una aplicación que utiliza un entorno de desarrollo es muchísimo más productiva; y ayuda, enormemente, al programador a corregir errores y a encontrar elementos que puede necesitar incorporar al código que escribe.

Respecto al juego de caracteres que se utilicen al escribir el código, hay que indicar que el lenguaje C y C++, solo permiten el uso del código ASCII; Java utiliza UTF-8; JavaScript utiliza ISO-8859-1 por defecto; igual que Php. Respecto a Epi, utiliza ISO-8859-1 o UTF-8, dependiendo del traductor.

El inicio de un programa

Un archivo C contiene código de programación funcional-procedural. Los programas escritos en C tienen una función de inicio denominada: **main**; que puede, o no, tener parámetros. También suele incluir un archivo de cabecera (.h) con la definición de las firmas de las funciones que utiliza; las cuales se encuentran en otros archivos de código C. Un ejemplo sería:

```
#include "archivo_c.h";

void main (void) {
    /* Código C */
}
```

Un archivo C++ comienza por una función **main**, igual que los archivos C, pero incluye archivos de cabecera con información de clases, por lo que pasan a tener la extensión .hpp. Un ejemplo sería:

```
#include "archivo_cpp.hpp";

void main (void) {
    /* Código CPP */
}
```

Los archivos de código Java necesitan la definición de una clase pública que contenga un método público estático denominado: **main**. Un ejemplo sería:

```
public class clase_java {
    public static void main (String [] args)
    {
```

```
      // Código Java
   }
}
```

Los archivos de código JavaScript pueden estar contenidos dentro de archivos que contengan código HTML. De hecho, necesitan utilizar la etiqueta HTML: **<script>** para cargarse. Un ejemplo sería:

```
<!DOCTYPE html>
<html>
   <head>
      <script src="archivo.js"></script>
   </head>
   <body>
   ...
   </body>
</html>
```

Los archivos del servidor de aplicaciones, en Php, se incorporan dentro de archivos que pueden contener etiquetas HTML; y donde su código queda identificado al estar dentro de una etiqueta especial que comienza por **<?php** y termina por **?>**. Un ejemplo sería:

```
<!DOCTYPE html>
<html>
   <head>
   ...
   </head>
   <body>
   <?php
      // Código PHP
   ?>
   </body>
</html>
```

Un archivo Epi contiene solo una acción (semejante a una función) y comienza con la definición de la misma. No existe función de inicio de la aplicación, ya que su código será traducido a otros lenguajes de programación que deberán implementar, a medida, las rutinas que completen el desarrollo de la aplicación. Un ejemplo sería:

```
accion:
   accion de ejemplo
entrada:
salida:
dependencia:
accionfin:
   "terminarfinmal"
```

```
acciontipo:
    "procedimiento"
// Código Epi
finaccion
```

Detalles antes de programar

La separación de las instrucciones

Epi separa las instrucciones con **saltos de línea**. C, C++, Java, JavaScript y Php con **puntos y coma (;)**.

Los comentarios

Epi utiliza // para los comentarios y éstos finalizan con un salto de línea.

C, C++, Java, JavaScript y Php, también tienen los comentarios como Epi. Pero incluyen otro formato de comentario que comienza por /* y se extiende hasta que encuentra */.

Php permite, además, comentarios comenzados por el carácter "almohadilla" (#) y que finalizan con un salto de línea.

Los tipos de datos básicos

Los programas manejan información. La cual se almacena en la memoria del ordenador en posiciones que son identificadas por un nombre. Esos nombres, por tanto, dan acceso a dicha información. Y esos contenidos tienen formatos concretos en función al tipo de dato que representen. Así pues, el **tipo de dato** clasifica la información en función del elemento informativo que representan. Todos los datos son ceros y unos en la memoria del ordenador; pero, según su tamaño y su uso, representan datos que se utilizan de diferente manera.

- En C y C++ los **tipos de datos básicos** son:

  short int, unsigned short, int, unsigned int, long y unsigned long para los **enteros**; float para los **números flotantes**; double para los números flotantes del doble de tamaño que los float; char y unsigned char para los **caracteres**; y void como tipo vacío, es decir, **sin tipo**. Su tamaño varía según la plataforma. Por lo que debe conocerse de antemano para evitar que contengan valores que superen su capacidad, lo que daría lugar a problemas.

  o C++ tiene, además de los tipos de datos básicos de C, el tipo bool para los valores **booleanos**, es decir, verdad (true) o falso (false). En determinadas circunstancias, se equipara a falso, el valor 0, vacío, nulo o inexistente; y a verdad todo lo que es lo contrario a falso, aunque se le suele dar el valor 1.

- En Java los tipos básicos son: byte, número de 8 bits; short, número de 16 bits; int, número de 32 bits; long, número de 64 bits; float, número en coma flotante de 32 bits; double, número en coma flotante de 64 bits; char, carácter unicode de 16 bits; boolean, valor de true o false; y void, para definir el tipo sin tipo, es decir, vacío.

- En JavaScript los tipos de datos no se declaran. De modo que son detectados por el intérprete. Son los siguientes: Boolean, puede ser true o false; Number, para la representación interna en coma flotante de 64 bits; String, para representar las cadenas de caracteres; Date, para las fechas; null, para representar los valores nulos, es decir, sin valor; y undefined, para los valores indefinidos, debido a que no existen y no pueden contener valor.

- En Php los tipos de datos no se declaran, y son detectados por el intérprete. Los tipos básicos son: boolean, para los valores true o false; integer, para los número; float, para los números en coma flotante; string, para las cadenas de caracteres; y null, para los valores nulos, es decir, sin valor. El tamaño de los integer depende de la plataforma, la constante PHP_INT_SIZE informa de su tamaño; si un entero supera su máximo valor es convertido a float automáticamente. Y los float son de 64 bits.

- En Epi los tipos de datos no se declaran, sino que se definen por medio de las constantes que reciben como valor; o son tipos compuestos (entidades); o se construyen recibiendo una variable que les sirve de modelo y que copian. No se comprueban los tamaños, dejando ese aspecto para el lenguaje de destino. Diferencia, internamente, los tipos: booleano: verdad o falso; entero, número sin decimales; flotante, número decimal de coma flotante; frase, para las cadenas de caracteres, es decir, para las series de letras; y entidad, para las estructuras de datos dinámicas.

Las conversiones de los tipos de datos

En C, C++, Java y Php, se puede convertir un tipo de dato básico a otro, antes de asignarlo, mediante su adaptación (en inglés "casting"). La cual permite una reinterpretación de los bits de información de su dato. Y, en algunos casos, el cambio de tamaño del mismo. La forma de programarla es poniendo el tipo deseado entre paréntesis, delante de la variable. Por ejemplo: "(long) dato_flotante".

El dato flotante es "**truncado**" al convertirlo en entero. Eso significa que se queda sin sus decimales.

En JavaScript se usan objetos para realizar ciertas conversiones, como: Boolean, Number o String.

En Epi se deben emplear funciones especiales para hacer el cambio de tipo. También hay, en JavaScript y en Php, funciones especiales para cambiar tipos de datos. Además, existen funciones para convertir los tipos de datos básicos a cadena de caracteres.

Otra cuestión a tener en cuenta es que JavaScript y Php, realizan conversiones de tipo automáticas (implícitas). Por lo que, aunque no se indique nada, el intérprete podría realizará esa conversión de tipo, si le resultara necesaria para seguir las instrucciones del código. Si una cadena de caracteres comienza por número, Php convertiría a número solo esa parte aunque luego le siguieran otros caracteres no numéricos.

Las constantes

Una **variable** es el nombre que se le da a una parte de la memoria donde se encuentra un dato. Esta memoria puede cambiar su contenido, por lo que es "variable". Pero se puede evitar que sea modificada, si se indica que sea tratada como una **constante con nombre**. Además, existen datos fijos, dentro del código de programación, que son valores en sí, y que no se pueden modificar. Son las **constantes del lenguaje**, y se utilizan para dar valor con ellas a las variables y a las constantes con nombre.

Las constantes que se escriben en el código de programación están asociadas a tipos de datos concretos.

Los booleanos

En Epi se usa: verdad y falso. En los otros lenguajes se emplea: true o false.

Los números enteros

Los enteros se definen de diferente manera:

- **Formato octal.** Se escribe el signo (opcional) y el número, **comenzando por 0**, y le siguen números de 0 a 7.
- **Formato decimal.** Se escribe el signo (opcional) y el número. Y éste **no puede comenzar por 0**.
- **Formato hexadecimal.** Se escribe el signo (opcional) y el número, **comenzando por 0x**, y le siguen números de 0 a 9 y de A a F (mayúsculas o minúsculas)

Epi no emplea el código octal.

Los números flotantes

Se representan con el signo (opcional); la parte entera (puede no tener); el punto decimal y los número decimales (puede no tenerlos, o solo tener el punto si tiene parte entera); y, además: el signo de exponente: e (minúscula o mayúscula), el signo (opcional) y el número de la potencia de 10 que le multiplica.

`<signo>?<entero>?(.<decimales>?)?([eE]<signo>?<exponente>)?`

Nota: La interrogación sigue a lo que es opcional. Los paréntesis son agrupadores. Los corchetes muestras una lista de caracteres de los que se elija uno.

Este formato es semejante de un lenguaje a otro. En Epi, la coma decimal es el punto (.) a pesar de que en español se emplea la coma (,).

Los números en coma flotante, debido a su representación interna, tienen saltos en su precisión. De modo que algunas operaciones pueden no dan el resultado exacto, y presentar un error en el decimosexto decimal, aproximadamente. Por este motivo, no se deben comparar los flotantes directamente, sino que se debe utilizar la siguiente fórmula:

Se calcula el valor absoluto de la resta de los número que comparar y se mira que esa diferencia sea menor que un valor sigma para la precisión que consideramos. Por ejemplo, un epsilon de 0.000000001, la fórmula sería: *si (abs (a-b) < epsilon) entonces "son iguales"*.

Epi emite un mensaje de error cuando detecta comparaciones entre números flotantes.

Las cadenas de caracteres

Comienzan y terminan por doble comilla ("..."). En su interior se pueden poner caracteres de escape para indicar ciertos símbolos especiales.

Los caracteres de escape comienzan por el carácter "barra invertida" (\). Para poner ese carácter dentro de una cadena, se usa: \\, para poner una comilla doble en una cadena se usa: \". Otros caracteres de escape son: \n, avance de línea (LF o 0x0A (10) en ASCII); \r, retorno de carro (CR o 0x0D (13) en ASCII); \t, tabulador horizontal (HT o 0x09 (9) en ASCII); \v, tabulador vertical (VT o 0x0B (11) en ASCII); \f, avance de página (FF o 0x0C (12) en ASCII); \x[0-9A-Fa-f]{1,2} (números del 0 al 9 y letras de la a A la F (en mayúsculas o minúsculas); uno o dos dígitos) para indicar un carácter ASCII en notación hexadecimal; \u[0-9A-Fa-f]{1-4} (números del 0 al 9 y letras de la A la F (en mayúsculas o minúsculas); de uno a cuatro dígitos) para indicar un carácter Unicode en notación hexadecimal.

Php, permite, además: \e, escape (ESC o 0x1B (27) en ASCII);y \$, signo del dólar;

Además de con comillas dobles, JavaScript y Php, permiten definir las cadenas de caracteres entre comillas simples ('...'). En el caso de JavaScript son iguales que las cadenas entrecomilladas con la comilla doble ("). Pero en el caso de Php son diferentes, pues no permiten caracteres de escape (excepto \\ y \'); ni permite que se expandan las variables dentro de esas cadenas, mientras que en las cadenas con comillas doble sí lo hacen. La forma de expandirlas en Php es escribirlas directamente (comienzan por $), o ponerlas entre llave de inicio y dólar ({$) y llave de fin (}).

En C, C++ y Java, los caracteres individuales se definen poniéndolos entre comillas simples (') (no se puede poner más de un carácter dentro).

Dentro de las cadenas de caracteres, se puede acceder a la posición de cada uno de sus caracteres mediante el operador corchete. De modo que, para referirse a un carácter, se indicaría con el nombre de la variable de tipo "cadena de caracteres", luego el corchete de inicio ([), seguido de la posición del mismo (comenzando desde 0), y terminado con el corchete de cierre (]). Esto no es válido ni en Java ni en Epi, y se debe emplear una función para ello.

El tipo null

Una variable que contenga el valor null es equivalente a contener todos sus bit a 0; y se interpreta, en C y C++, como que no tiene una dirección de referencia válida. En Java el valor null solo tiene sentido para las instancias de clase. En Javascript, null indica que contiene un valor de cero, y "undefined" indica que no existe esa variable. En Php el valor null marca la variable como sin valor o inexistente. En Epi indica que la variable es una referencia, pero sin asignarle una dirección de memoria donde se encuentra el dato, su palabra clave es: nulo.

Las constantes con nombre

Es recomendado que los nombres de las constantes se escriban a **mayúsculas todo su nombre**, o que **comiencen por k_**.

En C y C++ se crean las constantes con la instrucción del preprocesador: #define NOMBRE valor

En C++, además, se pueden crear con: const <tipo> NOMBRE = valor;

En Java, se definen las constantes como atributos de clase con el modificador "static final": static final <tipo> NOMBRE = valor;

En JavaScript se puede utilizar la palabra clave const si no son atributos de un objeto: const NOMBRE = valor;. Dentro de un objeto hay que crear un nuevo objeto empleando Object.freeze, por ejemplo:

var PREFIJO = Object.freeze ({ var NOMBRE = valor; });

(Quedando la constante formada por PREFIJO.NOMBRE.)

En Php las constantes se crean con la función: define (NOMBRE, valor); y también con const, si se usa dentro de la definición de una clase.

En Epi no hay constantes con nombre. Se considera que todo es mutable, o puede serlo.

Las variables básicas

Una variable básica es el nombre que damos a una parte de la memoria del ordenador que contiene un dato básico. Los nombres de variable no pueden empezar por número. En C y C++, no pueden tener caracteres distintos de las letras del alfabeto inglés, los números y el guion bajo (_). En Java, además de los de C y C++, se permiten caracteres Unicode para las letras especiales de otros idiomas y los caracteres que no sean operadores propios del lenguaje de programación. En JavaScript y Php, es igual que Java, salvo que el alfabeto que se permite es ISO-8859-1; tampoco se pueden emplearse los operadores del lenguaje. En Php, además, deben comenzar por el símbolo dólar ($). En Epi los nombres de variable no pueden estar en plural, no pueden comenzar por número, deben escribirse en minúsculas y solo se permite ñ las letras del alfabeto inglés, números y los caracteres adicionales: ñ y ç; además del guion bajo (_).

En estos los lenguajes de programación, una letra en mayúscula es distinta que su equivalente en minúscula, y viceversa.

Una buena recomendación para los nombres de variables sería:

- Usar siempre minúsculas. Para evitar confusiones entre mayúsculas y minúsculas; y diferenciarlas de las constantes.

- Hacer que nombres no acaben en "s" (que estén en singular). Para evitar confusiones y permitir que el plural se reserva para las entidades y las clases.

- Utilizar solo los caracteres anglosajones. Implica una reducción de la expresividad en otros idiomas. En el caso del español, obliga a sustituir la "ñ" por "yn"; y la "ç" por "x".

- Emplear palabras completas, separadas por el guion bajo (_), con excepción en el caso de acrónimos sobradamente conocidos. Sin embargo, en algunas versiones de C o C++ hay que poner nombres de longitud reducida, por lo que se deben aplicar otras normas.

- Utilizar el idioma nativo del programador, o el elegido por el equipo de trabajo. Por ejemplo, el español.

- Utilizar sufijos específicos y nombres clave predefinidos, **cuando el nombre de la variable no sea demasiado claro.** Por ejemplo, los sufijos: "_num", para los enteros; "_flo", para los flotantes; "_frase", para las cadenas de caracteres, "_ref" para las referencias; o "_array" para los vectores. Y los nombres: "i" para los índices de vectores, de la primera dimensión; "j" para los de la segunda dimensión; "k" para los de la tercera dimensión; "x" para la coordenada horizontal; "y" para la coordenada vertical; y "z" para la coordenada de profundidad.

El alcance de las variables

Las variables tienen un tiempo de vida determinada. En general, pueden existir, como máximo, durante la ejecución del programa donde se utilizan; en cuyo caso son **globales**. O tener existencia solo dentro de la función, método o acción donde se declarar; en cuyo caso son **locales**. Existen duraciones menores aún, que sería la del bloque de instrucciones. Y variable que, aunque existen en todo el programa, solo son accesibles bajo ciertas condiciones. Tal es el caso de las variables static en C, C++ y Php; o de los indicadores de visibilidad: privados, públicos, protegidos o de paquete, de los lenguajes orientados a objeto.

En C, C++, JavaScript y Php se declaran variables globales de igual manera que las locales, pero escribiéndose en el archivo; fuera de las funciones, clases o estructuras de datos.

En Php, es necesario indicar, dentro de las funciones, si una variable es global; mediante la palabra clave: global (o usando el array superglobal: $GLOBALS). Fuera de las funciones se declaran como variables, o usando el array superglobal: $GLOBALS.

En Epi, las variables globales solo pueden declararse dentro de las acciones, usando la palabra clave: global:. De igual manera, con global: se crean nuevos atributos a los parámetros que sea entidadades.

En C, C++, Java, JavaScript y Php, las variables declaradas dentro de las funciones son locales a esa función. Pero en C, C++ y Java, si se declaran dentro de un bloque de instrucciones, entonces, su alcance es sólo dentro de ese bloque.

En JavaScript se puede declarar una función dentro de otra. Y las variables locales de la función contenedora se convierten en variables globales para las funciones interiores.

En Epi se utiliza la palabra clave: local:, para declarar variables locales.

En C las variables static son accesibles solo en el archivo donde se declaran. O en la función donde lo hacen, si se declaran dentro de ellas; pero no se destruyen cuando finaliza la función sino que siguen existiendo y conservan sus valores.

En C++ y Java, las variables static no se crean nuevas cada vez que se hace una instancia de la clase donde se declaran (utilizando new).

En Php, las variables static se declaran dentro de una función, y solo son accesibles dentro de ella; pero no se destruyen al terminar la función, sino que siguen y conservan sus valores; y también puede tener el mismo uso que hacen C++ y Java, en POO.

El operador básico de asignación

La manera de dar valor a una variable es mediante la operación de asignación. Existen diferentes operadores para esta tarea, pero el más importante es el igual (=) que pone el valor indicado a su derecha en el nombre de variable indicado a su izquierda.

En C, C++, Java, JavaScript, Php y Epi la asignación de tipos de datos **básicos** se hace **copiando** el dato en la zona de la memoria a la que el nombre de la variable nos dirige.

En Java y JavaScript, las variables de tipos estructurados, clases y arrays, **no se copian**; sino que lo que se copia es su referencia; de modo que **comparten** la misma zona de memoria. Pero en C++, Php y en Epi, **sí se copian**.

En C no funciona el operador de asignación para tipos distintos de los básicos.

Declarar variables

Recordemos que una variable es un nombre dado a una zona de memoria que contiene datos. Dichos datos tienen un tipo determinado, o una estructura concreta.

En C, C++ y Java, las variables se declaran indicando su tipo básico, y luego su nombre. Por ejemplo: int i;

En JavaScript se declaran sin indicar su tipo, empleando la palabra clave var delante de su nombre. Por ejemplo: var i;

En Php se declaran simplemente escribiendo su nombre y asignándoles un valor. Por ejemplo: $i = 0;

En Epi se declaran indicando su alcance: si solo tienen uso dentro de una acción, se declaran como locales (local:); y si tienen su

alcance en todo el programa, se declaran como globales (global:).
Luego les sigue su nombre y su valor inicial. Unos ejemplos serían:

```
local: i
= 0
global: x
= 0.0
```

Los arrays (vectores)

Los tipos de datos básicos describen la información contenida en las variables. Por lo que existen variables básicas que contienen información básica. Pero también podemos crear variables complejas, que están formadas por subelementos que pueden ser referidos separadamente. Ese es el caso de los arrays (o vectores) que consisten **en series de elementos que son agrupados por el mismo nombre de variable, y diferenciados por su índice**, es decir, por un elemento que nos permite posicionarnos en algún componente concreto del elemento agrupador.

Se recomienda que los nombres de las variables de tipo array, tengan el sufijo "_array".

En C y C++ los array se declaran indicando el tipo de dato que tienen **todos** sus componentes. Luego, el nombre de la variable que los agrupa. Y, después, entre corchetes, el número de elemento que tiene. Por ejemplo: int num_array [10];

También se puede crear sin indicar su longitud, pero entonces no será un array real, sino un **referenciador a un array** cuya longitud no se indica, por no ser suya, sino del array al que referencia. Por ejemplo: int num_ref_array [];

En Java los arrays se declaran con el tipo de dato de **todos** sus componentes, seguido por "[]" y, después, el nombre de la variable. Por ejemplo: int [] num_array;. También se puede declarar poniendo "[]" tras el nombre de la variable, en vez de delante. Por ejemplo: int num_array [];

Un array en Java es siempre un referenciador. Y la manera de crearlos se utiliza la palabra clave "new", seguida del tipo de dato; y, entre corchetes, la longitud del mismo. Así, la declaración de la variable de tipo array recibe el "array" con el operador de asignación "=". Por ejemplo: int [] num_array = new int [10];

La forma de acceder a cada elemento del array es con el nombre del mismo, el corchete de apertura, el número de su índice, y el cierre de corchete. Por ejemplo: num_array [5]

En C, C++ y Java, los arrays tienen todos los elementos del **mismo tipo y su índice es un número entero que comienza por 0** y termina en el **tamaño creado menos uno.** Así, un array de 10 elementos, empieza en 0 y termina en 9.

En JavaScript, los arrays se declaran como las demás variables. Luego se les asignan los datos, declarados entre corchetes y separados por comas. Aunque es posible que no se indiquen los datos y solo se pongan los corchetes. Por ejemplo:

```
var num_array = [1, 2, 3, 4];
var otro_num_array = [];
```

También se puede utilizar la clase Array para crearlos, llamando a su constructor tras la palabra clave "new". Por ejemplo: var num_array = new Array ();

Los arrays, en JavaScript, pueden contener elementos de distinto tipo. Los índices pueden ser numéricos, positivos o negativos; y cadenas de caracteres. Además, se pueden añadir elementos dinámicamente; asignándole un valor a un índice que no existía antes. Por ejemplo, crear un elemento en "num_array", con el índice "nuevo" y el valor 5, se haría así: num_array ["nuevo"] = 5;

En Php, se declaran igual que las otras variables. Y, luego, se le asigan el array empleando la función: array () o array (*<parámetros>*). Por ejemplo: $num_array = array ();. También se pueden crear usando corchetes, como en JavaScript. Por ejemplo: $otro_num_array = [];. Los índices pueden ser numéricos, positivos o negativos; y cadenas de caracteres. Además, se pueden añadir elementos, dinámicamente, al asignarle un valor a un índice que no existía antes. Por ejemplo, crear un elemento en "$num_array", con el índice "nuevo", se haría así: $num_array ["nuevo"] = 5;. También es posible que un nuevo elemento reciba su índice automáticamente **como un número no utilizado aún.** Para ello, se le asigna un valor indicando su índice con []; de la siguiente forma: $num_array [] = "valor";.

En Php, para que un elemento de un array sea destruido, se utiliza unset; igual para destruir una variable array completa; e igual que para destruir cualquier otra variable.

En Epi no hay arrays, sino que se utilizan estructuras dinámicas para simularlos. Por tanto, su uso es igual a cualquier otro manejo de datos utilizando acciones ya programadas.

C++, Java, JavaScript y Php, tienen funciones y clases, que realizan el tratamiento de estructuras dinámicas que se comportan como los arrays.

Para crear arrays de **más de una dimensión** se asigna a los elementos del array un valor que es, a su vez, un array. Para ello:

- En C y C++, se indica que el tipo de esos elementos son arrays. Por ejemplo: `int num_array [4][10];` crea un array de 4 elementos, y cada uno de ellos es un array de 10 elementos.

- En Java se indica la multidimensionalidad al crearlos con "new". Por ejemplo: `int [][] num_array = new int [4][10];`

- En JavaScript se indica con los corchetes. Por ejemplo: `var num_array = [[], [], [], []];` crea un array de 4 arrays, sin indicar los datos de sus componentes. También se puede hacer con la clase `Array`.

- En Php se haría con la función array, por ejemplo: `$num_array = array (array (), array (), array (), array ());` O crearlos con corchetes como en JavaScript.

Para referenciar una posición en un array multidimensional se pone primero la localización de la primera dimensión. Y, luego, cada dimensión adicional se indica a continuación, también, entre corchetes. Por ejemplo: `num_array [0][5];` o `$num_array ["nuevo"][9];`

Otro tema relacionado con los arrays es que en C, C++, JavaScript y Php, **las cadenas de caracteres se pueden tratar como arrays de letras**. Así, la variable "saludo" conteniendo "hola" se compone de cuatro letras, desde `saludo [0]` a `saludo [3]`.

Manejando los datos

Una vez que ya hemos entendido lo que son los tipos de datos, las variables, las constantes, los arrays, y cómo se declaran y reciben valor; pasamos a ver de qué manera podemos manipularlos para obtener resultados nuevos a partir de ellos.

Los operadores

Los operadores son símbolos que nombran una operación sobre los datos que manejan. Hay operadores unarios, que tienen el dato (operando) antes, o después; y operadores binarios, que tienen los datos (operandos) antes y después del operador. También puede haber operadores ternarios, pero no son habituales.

El resultado de una operación se almacena en una zona de memoria que **no tiene nombre**, y que se denomina "pila". Esa zona es de tamaño variable y puede almacenar más de un dato, de modo que los datos más recientes se ponen "encima" de los datos más antiguos. De la pila, se pueden copiar a una variable. Para ello, se utiliza el operador de **asignación**. A su izquierda se pone la variable que va a recibir el dato; y a su derecha la operación que va a dejar el dato en la "pila" y desde donde se va a mover a la variable que lo recibe.

Los operadores trabajan con variables, o constantes, que deben ser de un tipo en concreto. Algunos lenguajes de programación realizan modificaciones **implícitas** de los tipos de datos de los operandos para ajustarlos a los que el operador necesita. Otros lenguajes necesitan conversiones **explícitas** mediante adaptaciones (casting), cuando son posibles; Epi no permite operaciones con tipos de datos inapropiados, ni permite las adaptaciones. Se deben usar acciones de conversión antes de llamar a los operadores.

Cuando se escriben fórmulas con varios operadores, se aplica un órden de prioridad, de modo que primero se ejecutan las operaciones de mayor prioridad, y luego las de menor. Si tienen la misma prioridad, se ejecutan de izquierda a derecha. Por ejemplo:

En 5 + 3 − 2; "+" y "-", tienen la misma prioridad. Primero se calcula 5 + 3, que da 8, y luego 8 − 2, que da 6.

En 5 + 3 * 2; Primero se calcula 3 * 2, y luego 5 + 6, lo que da 11. Se aplica la prioridad de operador, lo que da un resultado distinto de la ejecución de izquierda a derecha, que daría 16.

El **operador agrupador** es el paréntesis, y tiene prioridad sobre los demás operadores, que son:

- Los operadores **matemáticos**, sobre números enteros y flotantes son: +, -, *, / y %. Suman, resta, multiplicación y división son sobradamente conocidas. El operador % realiza la **división entera** y deja en la "pila" el resto. También existe el operador unario -, que cambia el signo del dato que le sigue.

- Los operadores **lógicos**, o **booleanos**, son: !, && y | |, en C, C++, Java, JavaScript y Php. Corresponden con: "no lógico" (!), que es unario y niega el valor que le sigue; "y lógico"; (&&) y "o lógico" (| |). Además, en Php existen los operadores: **not, and, or** y **xor**; que se corresponden con el "no lógico", "y lógico", "o lógico" y "o exclusivo". En Epi los operadores son: **no, y, o, u**; que corresponden con el "no lógico", "y lógico", "o lógico" y "o exclusivo".

Los operandos de los operadores lógicos solo pueden ser verdad o falso. Y las tablas de su función son las siguientes (en la 1ª columna el valor del operador izquierda; en la 1ª fila el operador derecho; dentro el resultado):

"y lógico"	V	F
V	V	F
F	F	F

"o lógico"	V	F
V	V	V
F	V	F

"o exclusivo"	V	F
V	F	V
F	V	F

Y el operador unario:

	"no lógico"
V	F
F	V

Existen **operaciones lógicas que son equivalentes**, así:

"*no (a y b)*" es igual que: "*no a y no b*". Por lo que en Epi no se recomienda poner "no" delante de un paréntesis, y puede no permitirse.

El operador "o exclusivo" puede ser descrito empleando los otros operadores. Así, usar "u", o "xor", en: *"a u b"* es equivalente a: *"(a y no b) o (no a y b)"*; y a *"(a o b) y (no b o no a)"*.

También existe una operación lógica habitual, denominada la inferencia o deducción (*a → b*) que tiene la siguiente tabla:

"deducción"	V	F
V	V	F
F	V	V

De modo que lo único que da lugar a un error, es decir, a una conclusión falsa, sería que se la primera premisa sea verdad y que la consecuencia sea falsa. Un ejemplo: *"Si llueve"* → *"[entonces] me mojo"*, será verdad si no llueve (me moje o no me moje), pues no se manifiesta como falsa; y, también, si llueve y me mojo. Pero será falsa si llueve y no me mojo.

Es una instrucción lógica que causa mucha confusión, pues debe entenderse literalmente y no suponer nada (ni usar probabilidades para explicarla). La operación de inferencia o deducción es equivalente a otra operación lógica, de modo que: *"a → b"* es igual a: *"no (a y no b)"*, lo que es igual a: *"no a o b"*;

- Los operadores de **comparación** son: == (igual), != (distinto), < (menor), <= (menor o igual), > (mayor), >= (mayor o igual). Además, JavaScript y Php incluyen el operador === (idéntico) donde coincide el valor y, además, debe coincidir el tipo de datos; y el operador !== (no idéntico) donde son distintos, o de distinto tipo.

En C, C++, Java y Epi, no se hacen conversiones de tipo para realizar las comparaciones. En Php y JavaScript, sí se hacen.

En C y Java, no se pueden comparar cadenas de caracteres, ni arrays, ni datos estructurados u objetos, con estos operadores. Y en Java no se consideraría un error, sino una comparación de referencias.

C, C++, Java, JavaScript y Php, se pueden comparar direcciones de memoria (referencias). En Epi las referencias se pueden comparar solo con igual (==) y con distinto (!=).

- El operador de **concatenación de cadenas** de caracteres, que en C, C++ y Java no existen; en JavaScript es el signo más (+), y en Php y Epi es el punto (.).

- Hay operadores de **bit** en C, C++, Java, JavaScript y Php; y son: ~, &, |, ^, <<, >>, >>>; pero no se comentan por no ser muy habituales.

- Y el **operador terciario** "()?:" que es una instrucción condicional, pero que no se comenta por existir una instrucción mejor para ello.

- Además del operador de **asignación** =, existen otros que realizan una operación adicional con el operando de la izquierda y el de la derecha. Y, luego, le asignan al de la izquierda el resultado. Así: "*a += b*", es equivalente a: "*a = a + b*". En C, C++, Java, JavaScript, Php y Epi existen los operadores: +=, -=, *=, /= y %=. En JavaScript += se usa para concatenar cadenas y para sumar números; y en Php se concatenan cadenas con .=. En C, C++, Java, JavaScript y Php, también, están los operadores: ~=, &=, |= y ^=, que son de bit.

Además de conocer los operadores, hay que saber cuál se evalúa antes que otro. Para ello, se establecen una **precedencia de operadores**, donde **el paréntesis tiene la mayor prioridad**. La prioridad de los operadores matemáticos sería: el **- unario** se evalúa primero; luego: *****, **/** y **%**, se evalúan antes que: **+**, **-**. Y estos operadores tienen más precedencia que los operadores de comparación.

Los operadores de comparación tienen la misma precedencia entre sí, y más precedencia que los operadores lógicos.

Los operadores lógicos tiene como precedencia: primero el "no lógico"; luego el "y lógico"; después: el "o exclusivo" y el "o lógico". Pero, en Epi, no hay estas precedencias: se evalúa primero el "no lógico"; y para los demás operadores se deben usar paréntesis.

Las funciones

Las funciones son la manera más eficiente de ejecutar código de programación. Permiten darle nombre al mismo y repetir su ejecución sin tener que volver a escribirlo. Además, su código se puede ejecutar con un elevado nivel de aislamiento respecto del programa donde se usan. Pudiendo ser completo, si solo dependiera su ejecución de los datos que se le pasan cuando se utilizan.

Para pasar datos a una función, se utilizan los parámetros, que pueden ser de tres tipos, según su uso:

- **Entrada**: Son datos que aportamos a la función para que los utilice.
- **Modificación**: Son datos que son utilizados por la función y que, cuando finaliza ésta, pueden resultar modificados por ella.
- **Salida**: Son datos que no son utilizados en la función, sino que son resultados de la misma.

La manera de pasar los parámetros a una función depende del uso que vayan a tener.

- **Por copia**. Se pasa una copia de los datos a una zona de memoria, denominada "pila", donde la función los recupera por medio de un nombre de variable, que es específico para la función y que es el "nombre del parámetro". Los datos pasados así, pueden modificarse, pero solo cambian en la "pila", por lo que, cuando finaliza la función; el dato que se le pasó (el origen de la copia) no cambia. Son, por tanto, datos de **entrada**. Esta forma de pasar datos permite que, también, se pasen constantes a la función.

- **Por referencia**. Se pasa a la "pila" un dato que es una referencia a la dirección de memoria donde está la variable pasada como parámetro. Por tanto, en la "pila" está la referencia al dato. Dentro de la función, el "nombre del parámetro" no es una copia de un dato, sino una dirección de memoria que referencia al dato. Con lo que dicho dato es compartido: por la variable pasada como parámetro; y por el "nombre de parámetro" de la "pila", que referencia al mismo. Estos parámetros son de **modificación** y de **salida**. No se pueden pasar constantes, de esta manera.

Dependiendo del lenguaje de programación, se emplean uno u otro método de paso de parámetros.

C, C++, Java, JavaScript y Php, copian, por defecto, los parámetros en la "pila", si son **tipos básicos**.

C++ y Php los copia, también, aunque no sean básicos (arrays y objetos).

Java y JavaScript los pasa por referencia si no son básicos (arrays y objetos), pero no tiene ningún indicador en el lenguaje que lo indique.

Para pasar datos por referencia, en C hay que declarar que son de "**tipo puntero**" poniendo un asterisco (*) detrás del tipo de dato del parámetro, y cada vez que se usa esa variable (delante de su nombre).

En C++ se puede hacer igual que en C, o con el operador ampersand (&) detrás del tipo; en el segundo caso no se necesita volver a utilizar "&" delante de la variable.

En Java no se pueden pasar variables por referencia a menos que sean de tipo array o un objeto. E igual ocurre en JavaScript. Por ello, para pasar tipos básicos por referencia, se deben incluir en un array, y tratarlos como el índice 0 del mismo.

En Epi todos los parámetros son por referencia, y no se indica nada. Pero no se pueden pasar constantes directamente, sino por medio de variables temporales.

Una función, además de recibir y devolver información, por los parámetros; también puede retornar un dato sin que éste tenga nombre. Esto lo hace por medio de una palabra clave que en C, C++, Java, JavaScript y Php es: return. Pero en Epi son dos posibles: finbien, si la función termina bien; y finmal, si hay algún problema en ella.

El valor de retorno se deja en la "pila" tras haber eliminado los datos de los parámetros. Para recuperar ese dato hay dos formas:

- Copiarlo a una variable utilizando el operador de asignación delante de la llamada a la función.
- Ponerlo como parámetro en la lista de parámetros que se pasa a una nueva función. En ese caso se pone en la "pila" en la zona de los datos de los parámetros. Será un parámetro de entrada, pero podría contener una referencia a otra variable, con lo que compartiría su información.

Existen lenguajes de programación que permiten parámetros por defecto. Es decir que, si no se ponen en la lista de parámetros de la llamada a la función, se les supone un valor concreto. Es el caso de C++, JavaScript y Php.

Otros lenguajes permiten pasar parámetros sin controlar su número, y se gestionan con funciones especiales para acceder a ellos (en C, C++ y Php se indica con: "..." al final de la lista de parámetros).

En el caso de JavaScript, los parámetros se colocan automáticamente en un array; pero puede suceder que se reciban menos parámetros de los indicados en la lista de parámetros, por lo que hay que comprobar si existe un parámetro antes de usarlo, o exponerse a un error en tiempo de ejecución.

En Java se usa: "..." antes del nombre del último parámetro, detrás de su tipo.

Epi no permite ni parámetros por defecto, ni controla si el número pasado es el indicado en la lista de parámetros de la función. Se considera, por tanto, como si todas las acciones tuvieran un número variable de parámetros, sin que sea necesario indicarlo.

Declarar funciones

Para declarar una función en C se indica el tipo de dato que retorna, luego el nombre de la función y, después, entre paréntesis, los parámetros, separados por comas. Para cada parámetro: primero se indica el tipo; luego, si es una referencia se pone un asterisco (*); y, después, el nombre del parámetro, seguido de corchetes si es un array. Una vez finalizada la declaración de la función se abre un bloque de código y, allí, se escriben las instrucciones que se ejecutarán cuando se llame a dicha función. Por ejemplo:

```
int sumar (int sumado_1, int sumando_2, int * resultado)
{
    <código>
}
```

En C++ las funciones se engloban dentro de las clases, como métodos. E igual ocurre en Java. Pero su formato no es muy distinto del de C. En C++, además del * para las referencias, también se permite utilizar &. Java no permite ni * ni &, y permite corchetes detrás del tipo. Por ejemplo, en C++:

```
int enteros::sumar (int sumado_1, int sumando_2, int *
  resultado)
{
    <código>
}
```

Y en Java:

```
public int sumar (int sumado_1, int sumando_2, int []
  resultado)
{
    <código>
}
```

En JavaScript se utiliza la palabra clave: function, y no se ponen los tipos de los datos, ni el de retorno. Por ejemplo:

```
function sumar (sumando_1, sumando_2, resultado_0)
{
    <código>
}
```

No se indica tampoco si el parámetro es por referencia (no se usan ni *, ni &), es decir, de modificación o de salida; en cuyo caso debe ser: o un array, o un objeto.

En Php se utiliza la palabra clave: function. Y no se ponen los tipos de los datos de los parámetros, ni el de retorno. Pero el paso por referencia se indica con una ampersand (&) delante del nombre del parámetro. Opcionalmente, se pueden poner los tipos de datos de los parámetros (si son clases o arrays), pero no el de retorno. Un ejemplo sencillo:

```
function sumar ($sumando_1, $sumando_2, & $resultado)
{
    <código>
}
```

En Epi, se deben indicar muchos datos adicionales además de los parámetros, cuando se declara una acción (equivalente a una función). Por otro lado, se indican los tipos de datos con valores constantes, por ejemplo: 0, 0.0, "", verdad, nulo, o indicando la entidad "teórica" que representan. Y todos los parámetros lo son por referencia. Por ejemplo:

```
accion:
    enteros sumar
entrada:
    sumando_1 tipo: 0
    sumando_2 tipo: 0
salida:
    resultado tipo: 0
dependencia:
accionfin:
```

```
    "terminarfinmal"
acciontipo:
    "entidad"
<código>
financcion
```

En esta definición se separan los parámetros de **entrada** o **modificación**, de los que son solo de **salida**. Además, todas las dependencias de la acción se deben indicar. Tanto las acciones que utiliza como las variables globales. Luego, le sigue el tratamiento de errores (`accionfin`). De manera que la acción:

- Puede terminar con `finmal`, si alguna llamada dentro de su código retorna `finmal` (configuración: `"terminarfinmal"`).

- Puede terminar con `finexcepcion`, si alguna llamada dentro de su código retorna `finmal` (configuración: `"terminarexcepcion"`).

- O puede no hacer nada (configuración: `"continuar"`).

A continuación se indica el tipo de acción (`acciontipo`), que puede ser configurado como:

- `"entidad"`, maneja datos y los puede crear.

- `"procedimiento"`, no maneja datos. Salvo los parámetros que recibe. Su objetivo es describir comportamientos dinámicos.

- `"interfaz"`, es como el tipo entidad pero, además, captura excepciones, y permite escribir, en él, código que no pertenece al lenguaje de programación Epi.

La acción así declarada podría ser llamada con más parámetros, y no se consideraría un error. Pero no puede ser llamada con menos. Una vez configurada la acción, se escribe su código.

En JavaScript y Php existe la posibilidad de que se defina una función dentro del cuerpo de otra función.

En C++, Java y Php se puede declarar una clase dentro de una función y, en ella, declarar nuevas funciones (o métodos).

En JavaScript y Php se pueden declarar funciones anónimas, que no tienen nombre. Solo tienen la palabra clave "`function`" y los parámetros entre paréntesis; y después el bloque de la función. Su utilidad es la de ser asignadas a variables, o pasadas como parámetro.

En Epi no se permiten ni las acciones (funciones) dentro de otras; ni las acciones anónimas.

En JavaScript y Php, si una variable contiene una cadena de texto con el nombre de una función, y es empleada como si fuera una función (con su lista de parámetros tras ella); entonces, se comporta como si se llamara a la función que tiene ese nombre.

En Epi, para que una variable contenga una referencia a una acción, debe ser asignada como una referencia (con = ref:) y a la derecha indicar el nombre de la acción, seguida de: "(...)". Ese formato también se utiliza para declarar las acciones de la sección de "dependencia:" en la firma de una acción.

En C es posible crear una variable que apunte a una función, pero el tipo referencia acción es complejo de definir. El tipo debe ser algo semejante a:

```
<tipo de retorno> (* <nombre función>)(<tipos de los
parámetros separados por comas>).
```

En C++ es más complejo que en C. Se debe de indicar el nombre de la clase, poner "::" delante del asterisco, y tener permiso para referenciarla. El formato sería:

```
<tipo de retorno> (<nombre de la clase> ::* <nombre
función>)(<tipos de los parámetros separados por comas>).
```

En C, C++ y Epi todo el código debe estar dentro de funciones. Con excepción, en C y C++, de las declaraciones de variables globales y las estructuras de datos.

En C++, las funciones pueden estar dentro de clases.

En Java todo el código debe estar dentro de clases, salvo las variables globales.

En JavaScript y en Php, puede escribirse código que no pertenece a una función.

En Epi nada puede estar fuera de una acción; ni siquiera las variables globales.

Llamada a la función

El formato de llamada de una función es distinto del formato de la declaración.

En C, C++, Java, JavaScript, Php y Epi, se llama a una función poniendo su nombre y, después, entre paréntesis, la lista de parámetros. El retorno de una función se puede asignar a una variable, o pasarse como parámetro, por lo que pueden verse varias modalidades de llamada:

En C, C++, Java, JavaScript y Php:

<nombre de función> (<parámetros, separados por comas>);

<variable> = <nombre de función> (<parámetros>);

<nombre de función> (<parámetros o <<nombre de función> (<parámetros>)>>);

<variable> = <nombre de función> (<parámetros o <<nombre de función> (<parámetros>)>);

En Epi hay algunas diferencias respecto a los otros lenguajes de programación: el nombre de función puede contener espacios en blanco; por otro lado, al permitir únicamente devolver dos posibles valores: finbien o finmal, deja de tener mucho sentido que las funciones sean llamadas para pasar su retorno como parámetro; y lo mismo pasa con la asignación, pero sigue pudiéndose hacer. Además, el separador de instrucciones no es el punto y coma (;) sino el salto de línea.

El código de programación

Escribir en un lenguaje de programación

El código de programación que se ejecuta, no está demasiado relacionado con la formulación matemática, como se pensaba antes; sino que está más próximo con la lingüística, con la expresión gramatical. Aunque está bastante lejos del uso natural de la lengua hablada, pues su objetivo es muy específico. La programación, prácticamente, consiste en el dictado de unas instrucciones que se traducen a acciones que el ordenador ejecuta. Por tanto, un lenguaje de programación no va a responder al lenguaje humano como una persona lo haría. Esto se debe a que los seres humanos tenemos un conocimiento adicional del contexto, y una capacidad de reconstrucción de información incompleta, que el ordenador no tiene.

Cuando escribimos código, debemos intentar que éste sea lo más legible posible por las personas. Olvidándonos de intentar ahorrar caracteres o líneas de código. Y dándole un formato de bloques que facilite reconocer las secciones correspondientes a las instrucciones de bifurcación, repetición, y las de otros componentes.

Un programa contiene código escrito que se agrupa en bloques. Y cada bloque pertenece a una instrucción o comando, que le precede. El código de cada bloque debería estar desplazado hacia la derecha (sangrado), de manera que establezca una columna que comience algunos espacios más a la derecha que la instrucción que dio lugar a ese bloque de código. Por norma general, se usa la tecla de tabulador, o se usan cuatro espacios en blanco, para realizar ese desplazamiento. Cuando el bloque termina, el final del mismo se pone deshaciendo el sangrado previo.

Otra recomendación es no poner líneas en blanco dentro de los bloques, excepto para separar los agrupadores más exteriores, como son el de función, clase, estructura o variable global. Pero no dentro de los bloques de función, ni en los interiores a ésta.

Respecto a los nombres que utilizar para denominar las variables, las funciones, las constantes u otros elementos; se recomienda seguir las siguientes medidas:

- Utilizar nombres en minúsculas, con palabras completas y separadas por el guion bajo. Evitar el uso de acrónimos o abreviaturas, a menos que sean evidentes. En el caso de las constantes, se pueden emplear solo mayúsculas, o utilizar el prefijo "k_".
- Emplear el singular para las variables y las constantes. Y el plural para las clases, las estructuras de datos, entidades y otros elementos que se utilizan como modelo para la creación de variables.
- Utilizar el alfabeto anglosajón, es decir, renunciar a los acentos, la ñ y la ç. Esto no es necesario aplicarlo en Epi, que además incorpora la ñ y la ç, pero se sigue recomendando.
- Utilizar sufijos para las variables. Por ejemplo: "_array", para los arrays; "_num", para los enteros; "_fecha", para las fechas, etc. Eso ayuda a conocer el tipo de dato de la variable cuando se lee el código.
- Utilizar sufijos para los nombres de archivo especializados. Por ejemplo: "_vis", para una vista; "_con", para un código controlador; "_mod", para un código de modelo.

En Epi existe la posibilidad de contrastar los nombres que utilizar contra un repositorio con el vocabulario disponible. De esta manera: se evitan los sinónimos, las palabras inventadas; se seleccionan las palabras mejores; y se facilita la traducción a otros idiomas; entre otras ventajas.

La primera aplicación

En C y C++, todos los programas comienzan por la función: main. Por tanto, para probar una función, deberemos tener un fragmento de código que sea, por ejemplo, así:

```
int main ()
{
    int ret = 1;
    <declarar las variables que pasar como parámetros>
    ret = <función> (<parámetros>);
    return ret;
}
```

En Java, los programas comienzan por la función púbica estática: main, pero debe declararse dentro de una clase pública. El nombre del archivo ".java" que la contiene, debe coincidir con el de la clase; y la carpeta donde se encuentre con el del paquete de la clase. Por ejemplo:

```
package <paquete>;

public class <nombre_clase> {

    public static void main (String [] args)
    {
        boolean ret = true;
        <declarar las variables que pasar como parámetros >
        ret = <clase>.<método estático> (<parámetros>);
    }
}
```

En JavaScript, se necesita una etiqueta HTML dentro de la que escribir el código. Es recomendable indicar el juego de caracteres que se va a utilizar. Por ejemplo:

```
<!DOCTYPE html>
<html>
    <head>
        <meta charset="iso-8859-1" />
    </head>
    <body>
        <script>
        <declarar las variables que pasar como parámetros>
        ret = <nombre de función> (<parámetros>);
        </script>
    </body>
</html>
```

En Php se escribe el código en un archivo HTML (con la extensión: php) dentro de una etiqueta específica (<*?php* y *?>*). Por ejemplo:

```
<html>
    <head>
        <meta charset="iso-8859-1" />
    </head>
    <body>
    <?php
    <declarar las variables que pasar como parámetros>
    $ret = <función> (<parámetros>);
    ?>
    </body>
</html>
```

En Epi no existe el concepto de código ejecutable, pues todo el código está escrito para ser traducido a otro lenguaje de programación y utilizado dentro de él. Epi pretende aprovechar toda la tecnología de programación existente, que el código se escriba una sola vez, y que valga para otros lenguajes de programación.

El programa "hola"

En C y C++ es preciso que se conozca la firma de una función antes de utilizarla. Por ello, se escriben archivos de cabecera; con la extensión .h en C, y .hpp o .hh en C++; donde se escriben las funciones sin especificar su contenido, solo su nombre y sus tipos (opcionalmente se pueden poner los nombres de sus parámetros). Así, para escribir "hola" en la pantalla hay que utilizar el archivo de cabecera de una función que lo hace. El código sería:

```
#include <stdio.h>

int main ()
{
    printf ("hola");
}
```

En Java hay que importar los paquetes que tienen las clases con los métodos que utilizar. Además, estos métodos están dentro de clases que hay que instanciar utilizando la instrucción "new", a menos que sean estáticos (static), lo que se indica también en la importación. El programa: ejemplos.java, sería:

```
import static java.lang.System.out;

public class ejemplos {

    public static void main (String [] args)
    {
        out.print ("hola");
    }

}
```

En JavaScript un programa que ponga "hola" en una página Web utiliza unas funciones definidas dentro del núcleo del intérprete de JavaScript y que pertenecen a objetos DOM (Document Object Model). Por ejemplo:

```
<!DOCTYPE html>
```

```
<html>
    <head>
        <meta charset="iso-8859-1" />
    </head>
    <body>
        <script>
        document.write ("hola");
        </script>
    </body>
</html>
```

En Php, el código no precisa más que indicar el nombre de la función, si es que pertenece al núcleo que se carga al arrancar el módulo de ejecución del lenguaje. Un ejemplo sería:

```
<!DOCTYPE html>
<html>
    <head>
        <meta charset="iso-8859-1" />
    </head>
    <body>
    <?php
    echo "hola";
    ?>
    </body>
</html>
```

En Epi, una función que escriba "hola" debe ser capaz de genera código a otro lenguaje de programación. En Epi las acciones (funciones) pueden tener espacios en blanco en su nombre. Comienzan por una entidad clasificadora (o sujeto); y le sigue un verbo en infinitivo, y un objeto directo, si lo necesita. Luego, se ponen los parámetros. Por otro lado, el separador de instrucciones es el salto de línea, no el punto y coma (;). Otra peculiaridad que presenta, es que se deben indicar las dependencias de la acción, es decir, los elementos que no están codificados en ella y que precisa tener disponibles para utilizarlos. Los cuales se corresponden con las funciones que llama y con las constantes globales. Un ejemplo podría ser el siguiente:

```
accion:
    ejemplo escribir hola
entrada:
salida:
dependencia:
    pantalla escribir (...)
accionfin:
```

```
  "terminarfinmal"
acciontipo:
  "entidad"
pantalla escribir ("hola")
financcion
```

La acción se traducirá a código en otro lenguaje de programación.

Las instrucciones de programación

Una vez que hemos determinado cómo conseguir que un programa realice una tarea, que era escribir "hola", podemos comenzar a aumentar las acciones que puede realizar. El método básico consiste en utilizar las funciones ya existentes para que realicen el trabajo que necesitamos. Y, para ello, les indicamos los datos que dichas funciones precisan para poder ofrecer resultados. O empleamos los operadores que el lenguaje proporciona, para generar nuevos datos que emplear en las funciones existentes.

Si no encontramos las funciones que necesitamos, podemos intentar crearlas, escribiendo nuevas funciones que generen sus resultados a partir de las funciones más básicas existentes, o de los operadores presentes en el lenguaje de programación. Estas funciones pueden ser tan particulares que no sirvan más que para un fin; o pueden ser muy reutilizables, con lo que convienen compartirlas para emplearlas en otros desarrollos.

También hay que indicar que, además de lo ya visto, nos surge la necesidad de realizar unas operaciones que no pueden implementarse mediante el uso de los elementos presentados hasta el momento. Dichas operaciones son:

- La toma de decisiones, es decir, las **bifurcaciones**. De las que la más sencilla es la que solo nos permite tomar dos alternativas: el camino resultante de una evaluación positiva, y el camino resultante de una evaluación negativa; de los elementos sujetos a la toma de la decisión.
  - o Los elementos que participan en la decisión son las variables, las constantes y las funciones. Evaluados mediante el uso de los operadores lógicos. Y con la asistencia de los demás operadores.
- Los ciclos repetitivos, es decir, los **bucles**. Los cuales permiten realizar el paso por un bloque de código más de una vez y reevaluarlo. Teniendo unas condiciones al inicio de cada

repetición que deben ser distintas a las de las repeticiones anteriores; para, de esta manera, poder establecer un mecanismo de finalización de las iteraciones.

o No controlar la condición de finalización de un bucle da lugar a una repetición infinita, lo que es un error de programación, pues el programa nunca termina. Ante esas circunstancias, elementos de control externos deben habilitar el mecanismo para detener esa ejecución.

• Existen otras operaciones más específicas, como la creación de hilos de ejecución paralela o de puntos de sincronización de las tareas paralelas, que pueden realizarse por medio de funciones; pero que, en algunos lenguajes de programación, se presentan como instrucciones propias.

La instrucción condicional

En C, C++, Java, JavaScript y Php existe la instrucción "if" que permite evaluar una condición lógica. Si la condición es verdad (true) se ejecuta el código que la sigue. Opcionalmente se puede añadir la instrucción "else" y un bloque de código que le sigue, que se ejecutará si la condición es falsa (false).

La instrucción puede tener dos formatos:

```
if (<condición>) {
        <bloque que se ejecuta si la condición es verdad>
}
if (<condición>) {
        <bloque que se ejecuta si la condición es verdad>
} else {
        <bloque que se ejecuta si la condición es false>
}
```

La instrucción puede encadenar más condiciones:

```
if (<condición>) {
        <bloque que se ejecuta si la condición es verdad>
} else if (<condición>) {
        <bloque que se ejecuta si la condición es false>
}
```

Cuando los bloques de código solo tienen una instrucción, se pueden quitar las llaves, pero no se recomienda en absoluto.

Php permite usar `elsif` en lugar de `else if`, pero no se recomienda.

Epi, al emplear el idioma español, y utiliza `si` y `contra`.

```
si <condición> {
    <bloque que se ejecuta si la condición es verdad>
}
si <condición> {
    <bloque que se ejecuta si la condición es verdad>
} contra {
    <bloque que se ejecuta si la condición es false>
}
si <condición> {
    <bloque que se ejecuta si la condición es verdad>
} contra si <condición> {
    <bloque que se ejecuta si la condición es false>
}
```

La instrucción distribuidora

Otro tipo de condición se puede definir a partir de un valor, y poniendo los bloques de código que se ejecutaran en función del valor que pueda tener el valor evaluado para distribuir.

Esta instrucción se puede programar usando "if" y se recomienda hacerlo así.

En C, C++, Java, JavaScript y Php existe la instrucción "switch" que permite evaluar un valor. Luego, cada posible valor se indica, poniendo dos puntos (:) seguido del código del bloque. El cual debe acabar con `break`. A menos que se desee que se sigan ejecutando los códigos del bloque siguiente. Y, así, hasta el final del conjunto de instrucciones. El último caso puede describirse, opcionalmente, con `default` y sirve para aquellos valores no definidos en las alternativas anteriores.

El formato es:

```
Switch (<dato que evaluar>) {
   <opción 1> : <código>
      break; // si no se pone, sigue ejecutando.
   <opción 2> : <código>
      break; // si no se pone, sigue ejecutando.
   <opción 3> : <código>
   // …
   default : <código> // opcional
}
```

En Epi no existe esta instrucción.

Los bucles while, do … while y for

En C, C++, Java, JavaScript y Php, existe la instrucción "while" a la que le sigue una condición; y, luego, el bloque de código que se ejecutará si la condición es verdadera. Si la condición es falsa, el while no ejecuta su código y finaliza de realizar repeticiones. Su formato es:

```
while (<condición>) {
   <código>
}
```

Es recomendable que la condición sea siempre verdad, y que el control de salida del bucle repetitivo se realice mediante el uso de la instrucción "break", dentro de una condición "if". La instrucción "break" en un bucle sale del bloque repetitivo, y termina las repeticiones. Una equivalencia con el bloque anterior sería:

```
while (true) {
   if (<condición>) {
      break;
   }
   <código>
}
```

La ventaja de esta opción es que es más flexible, pues la condición se puede evaluar en cualquier parte del bloque repetitivo.

En Epi solo hay un bucle iterativo, denominado "repetir" y se sale del mismo con "salir". Además, el bloque repetitivo comienza con {{ y termina con }}. El código tendría un aspecto como el siguiente:

```
repetir {{
    si <condición> {
        salir;
    }
    <código>
}}
```

La instrucción do ... while no existe en Epi pero sí en C, C++, Java, JavaScript y Php. Y se puede emular con while (true). Básicamente, pone la condición de salida al final del bloque repetitivo; por lo que se ejecuta una vez como mínimo. Mientras que empleando while puede no ejecutarse ninguna vez. Su formato es:

```
do {
    <código>
} while (<condición>);
```

La instrucción for no existe en Epi pero sí en C, C++, Java, JavaScript y Php. Y es más complicada que las anteriores. Tiene tres secciones. La primera se ejecuta solo una vez, la primera vez que se para por la instrucción, es una sección de iniciación de variables y puede estar vacía. La segunda sección presenta la condición de repetición. Si la condición es verdad, se realiza una iteración del bloque repetitivo. Cuando sea falsa se termina la repetición y se sigue con las siguientes instrucciones tras el bloque repetitivo. Esta sección puede estar vacía, en cuyo caso solo termina las repeticiones al alcanzar un break en la ejecución del bloque repetitivo. La tercera sección se ejecuta sólo si se ejecuta el bloque repetitivo; y cuando éste acaba; justo antes de evaluar la condición que decide si se hace otra repetición, o no. Esta sección puede estar vacía. Un ejemplo sería el siguiente:

```
for (<sección 1>; <condición-fin>; <sección 3>) {
    <código>
}
```

En las secciones se usa la coma (,) como separador de instrucciones, no el punto y coma (;) que es lo normal. No se recomienda el uso de for, sino el de while. El bucle for es algo más complicado, y no aporta ningún beneficio respecto a los demás.

El bucles foreach

En Php existe la instrucción repetitiva foreach para recorrer arrays y objetos. Un array está compuesto de celdas, con un índice que las identifica, que puede ser numérico o por medio de una cadena de caracteres. Un objeto es una estructura de datos que está compuesta por subcampos. Los cuales pueden ser objetos, a su vez, o ser tipos simples; y que tienen un nombre de variable que los identifica. La cual va precedida por el nombre de su poseedor, es decir, la estructura de nivel superior que los contiene.

El bucle foreach se repite hasta que haya devuelto todas las celdas o campos, de la variable (array u objeto) que está recorriendo.

El bucle foreach va seguido del array u objeto, del que extraer su información. Devuelve el nombre del índice del array, o el nombre del campo del objeto, en una variable; lo cual es opcional. Y una copia de su valor en una variable, o en una referencia al dato. Por tanto, tiene varias modalidades, que se muestran a continuación:

```
foreach (<array-objeto> as <valor>) {
    <código>
}
foreach (<array- objeto> as <índice> => <valor>) {
    <código>
}
```

Y referenciando el dato:

```
foreach (<array-objeto> as & <valor>) {
    <código>
}
foreach (<array-objeto> as <índice> => & <valor>) {
    <código>
}
```

Este bucle no existe en C, C++, Epi, Java ni JavaScript.

El bucle for ... in ...

Este bucle es semejante al bucle foreach de Php pero solo está disponible en JavaScript. Se repite para cada elemento de un array o un objeto y se declara de la siguiente manera: primero se indica la variable que va a contener el valor del índice del array u objeto, luego, tras la palabra clave "in", se indica el elemento del que recorrer sus celdas o atributos. Su formato es el siguiente:

```
for (<índice> in <array-objeto>) {
    <código>
}
```

El bucle listar ... nombre: ... valor: ...

Este bucle se asemeja a foreach de Php y a for...in de JavaScript, pero solo se encuentra en Epi. Tras "listar" se pone el objeto que listar, denominado genéricamente como "entidad" en Epi. Tras "nombre:" se pone la variable que recogerá el nombre de cada atributo de la entidad, como una cadena de caracteres. Y tras "valor:" se pone el nombre de una variable que es va a referenciar al dato que tiene el atributo con el nombre recibido. Por tanto, un cambio en la variable que recibe el valor, ocasiona un cambio en el dato del atributo del objeto. El formato es el siguiente:

```
listar <entidad> nombre: <atributo> valor: <ref_valor> {{
    <código>
}}
```

Otros conceptos de programación

Los lenguajes de programación tienen otros elementos que lenguajes como Epi no contemplan, por sencillez, y que se comentan en este capítulo.

Las enumeraciones

Una enumeración consiste en un grupo de constantes que están relacionadas de alguna manera. En C++ dichas constantes son enteras; en Java son objetos, si se definen así, o valores propios, independientes; en JavaScript, en Php y en Epi, no existen como tales.

Los enumerados se pueden utilizar para crear nombres que no se corresponden con valores variables. Sino, más bien, con etiquetas inmutables que pueden, o no, tener un valor equivalente a un tipo de datos básico o, incluso, estructurado. Un ejemplo de enumeración serían los nombres de los días de la semana.

En C++ se definirían como:

```
enum dias_semanas {lunes, martes, miercoles, jueves,
viernes, sabado, domingo};
```

Pero podrían tener un valor propio:

```
enum dias_semanas {lunes = 10, martes = 20, miercoles = 30,
jueves = 40, viernes = 50, sabado = 60, domingo = 70};
```

En Java se declararían como:

```
public enum dias_semanas {
    lunes, martes, miercoles, jueves, viernes, sabado,
    domingo
};
```

Pero podrían tratarse como estructuras de datos, con atributos, métodos y constructores:

```
public enum dias_semanas {
    lunes (10), martes (20), miercoles (30), jueves (40),
    viernes (50), sabado (60), domingo (70);

    public int valor;

    dias_semanas (int su_valor)
    {
        this.valor = su_valor;
```

```
    }
};
```

En JavaScript pueden tratarse como una clase "congelada" (freeze) o "sellada" (seal), según se prefiera.

```
var dias_semanas = Object.seal ({
    lunes, martes, miercoles, jueves, viernes, sabado,
    domingo
});
```

Otro ejemplo:

```
var dias_semanas = Object.freeze ({
    lunes: 10, martes: 20, miercoles: 30, jueves: 40,
    viernes: 50, sabado: 60, domingo: 70
});
```

En Php puede emplearse una clase:

```
class dias_semanas {
    public $lunes = 10;
    public $martes = 20;
    public $miercoles = 30;
    public $jueves = 40;
    public $viernes = 50;
    public $sabado = 60;
    public $domingo = 70
};
```

Y también es posible declararlos como constantes:

```
class dias_semanas {
    const lunes = 10;
    const martes = 20;
    const miercoles = 30;
    const jueves = 40;
    const viernes = 50;
    const sabado = 60;
    const domingo = 70
};
```

En Epi se utilizaría una entidad y se crearían dentro de una acción:

```
accion:
    dias semanas crear
entrada:
    su_dias_semanas tipo: dias_semanas
salida:
dependencia:
```

```
    lunes de su_dias_semanas, martes de su_dias_semanas,
    miercoles de su_dias_semanas, jueves de
    su_dias_semanas, viernes de su_dias_semanas, sabado de
    su_dias_semanas, domingo de su_dias_semanas
accionfin:
    "terminarfinmal"
acciontipo:
    "entidad"
global: lunes de su_dias_semanas
= 10
global: martes de su_dias_semanas
= 20
global: miercoles de su_dias_semanas
= 30
global: jueves de su_dias_semanas
= 40
global: viernes de su_dias_semanas
= 50
global: sabado de su_dias_semanas
= 60
global: domingo de su_dias_semanas
= 70
financcion
```

Las etiquetas

En los inicios, la programación funcional-procedural era una evolución de la programación a bajo nivel (ensamblador) que hacía uso intensivo de los saltos hacia instrucciones de código máquina. Esos saltos se denominaban como "goto". Y el punto de destino se indicaba con una etiqueta (un texto).

En C, los saltos y etiquetas existen. Los saltos se indican con la instrucción goto, y las etiquetas son nombres que acaban en dos puntos (:).

En C++, los saltos son iguales que en C.

Epi no tiene instrucciones de salto, ni etiquetas.

En Java, no hay instrucciones de salto ni de etiqueta.

En JavaScript, existe la instrucción goto y las etiquetas acaban en dos puntos (:). E igual ocurre en Php.

No se recomienda el uso de saltos, ni de etiquetas, porque hacen el código mucho más difícil de entender. Especialmente cuando los saltos crean entrelazamientos entre sí, en lugar de bucles o saltos hacia adelante en el código. Por ese mismo motivo, algunos lenguajes de programación solo permiten saltos hacia adelante.

Las plantillas o los genéricos

C++ y Java, permiten definir código con metadatos. Es decir, un método de escribir métodos que es independiente de los tipos de datos que maneja.

En el caso de C++, el compilador genera código para el tipo de datos adecuado; en el momento de generar el código objeto. Por tanto, hay tantas copias del código original como tipos de datos "concretos" se utilicen para una aplicación.

En el caso de Java, el metadato es resuelto en tiempo de ejecución. De manera que existe solo un código ejecutable que se adapta a los tipos de datos "concretos" que recibe.

El uso de metadatos no ha tenido un uso intensivo en programación, por lo que no se van a explicar con más detalle. En los modelos de Programación Orientada a Objeto, pueden ser sustituidos por clases bases comunes, o por interfaces; por lo que existe una solución más o menos alternativa que no implica extender el lenguaje de programación.

Otra solución consiste en acceder a los datos siempre por medio de funciones y crear una estructura (dinámica o estática) que contenga las referencias a esos "accesores". Esa estructura representaría al metadato y puede ser implementada en lenguajes que no son orientados a objetos.

La reflexión

Esta característica no implica modificar el lenguaje de programación, sino habilitar rutinas para acceder a la información de la propia aplicación en ejecución. De modo que se pueda conocer la estructura de una clase en tiempo de ejecución.

Los lenguajes interpretados permiten obtenerla fácilmente, pues la almacenan internamente en tiempo de ejecución. Los lenguajes que se ejecutan directamente por el procesador tienen que utilizar mecanismos previos a su ejecución para almacenar dicha información, por lo que el esfuerzo informativo no se encuentra en el motor de ejecución. Sino en el propio código final, y en la información estática que se le ha añadido.

La reflexión no suele ser muy empleada en la mayoría de los programas, por lo que no se explica con más detalle.

Las expresiones regulares

Un lenguaje de programación sigue una gramática para definir las reglas sintácticas que lo definen. Las gramáticas están clasificadas por su nivel de complejidad. Normalmente, los lenguajes de programación siguen gramáticas independientes del contexto. Pero existen un tipo de gramáticas más sencillas, denominadas gramáticas regulares que siguen unas reglas de construcción más simples que las anteriores.

Los lenguajes de programación pueden presentar librerías o funciones, que contienen el código de intérpretes de expresiones regulares. Las cuales son de enorme utilidad a la hora de definir patrones de secuencias de caracteres. Así, buscar, reemplazar o dividir textos, empleando expresiones regulares; es mucho más fácil que si hay que realizar una programación equivalente, a medida, para cada formato de texto.

El aprendizaje y uso de las expresiones regulares tiene la ventaja de que ahorra tiempo y esfuerzo de programación; son muy eficaces identificando patrones; resultan muy fáciles de mantener y modificar; y presentan menos errores de ejecución que la programación a medida, pues han sido suficientemente probadas.

Aunque las expresiones regulares no modifican el lenguaje de programación que utilizar, aportan tantos beneficios que es indispensable mencionarlas en este libro, recomendando su aprendizaje y uso. La única contrapartida que tienen, es que son más lentas que el código programado a medida para un formato de texto fijo. Pero la velocidad, frente a la seguridad, siempre resulta menos conveniente.

Los criterios de programación

Cuando un programador comienza a escribir una rutina, se encuentra, normalmente, con diversas alternativas para llevarla a cabo. Entonces surgen dudas sobre cuál es la mejor. A continuación se comentan algunos criterios posibles, y unos comentarios personales al respecto:

- "Cuanto menos código mejor". Un **error** de los programadores consiste en pensar que el mejor código es el que menos letras tiene. Es decir, el que menos ocupa. Esto es una equivocación y la recomendación es alejarse de esta idea. La escritura de código debería favorecer a la depuración del código. Pues toda rutina debe probarse. Y, casi seguro, modificarse porque presente algún error. Si se emplean muchas variables, será posible conocer los valores de las mismas; y, a partir de ellos, deducir los problemas que se han producido al manejar los datos. Por tanto:
  - o Utilizar **muchas variables** es positivo para la depuración de código.
  - o **No cambiar nunca el tipo de una variable** es positivo para la depuración de código.
  - o **No reciclar variables** también ayuda a entender mejor el código.
  - o Poner **nombres largos descriptivos** del contenido de una variable ayuda a entender el código.
- "Si se escribe el código con un formato tipo "fórmula matemática" es mucho mejor". Lo que es un **error**. Pasar resultados de funciones directamente como parámetros en llamadas a otras funciones produce que dicho código sea difícil de depurar. Lo que consume tiempo y esfuerzo adicional cuando se produce algún error. Es conveniente **trabajar paso a paso** y guardando los datos intermedios en variables locales con significado.
- "Utilizar nombres de variables o funciones cortos es positivo, pues se lee el código más deprisa...". Esto es un **error**. Leer el código deprisa no significa que se entienda bien. Los nombres son los únicos descriptores de los datos o los comportamientos que tenemos en el código, por lo que deben manejarse con claridad y detalle.
- "Cuantas más funciones mejor". No importa que sean de una o dos líneas. Esto es un criterio poco lógico. Igual que lo es: "Cuanto menos funciones mejor", que sean grandes para que se ejecuten más deprisa, sin saltos a otras funciones y retornos de ellas.

- o **El criterio para crear una función es que realice "una función"**. Una función que hace muchas cosas no es muy adecuada, es poco reutilizable y debería dividirse en subfunciones que hicieran una única cosa cada una.
- "Si una función supera un número de líneas dado, debe dividirse". Este criterio es un **error**. Las funciones se dividen por su utilidad, intentando que cada una dé respuesta solo a un uso, tal que **pueda describirse con una frase simple** (sin emplear "y" ni "o"), la cual será utilizada para dar nombre a la función. Internamente se puede subdividir, si identificamos funciones claras, describibles con una frase simple. Y, en ciertos casos, se dividen artificialmente cuando alcanzan una complejidad demasiado elevada.
  - o La **mayor complejidad de una función la proporcionan los bucles anidados**. Una anidación superior al segundo nivel debería dar lugar a una división, donde los bucles interiores dan lugar a funciones.
  - o **Los bucles consecutivos pueden descomponerse en funciones**, si de ese modo resultan más comprensibles.
- "Debe programarse pensando en el objetivo final, y olvidarse de la modularidad y otros conceptos que hacen perder el tiempo...". Esta idea es un **error**. Especialmente, cuando el mantenimiento del código recae en personas que no lo escribieron; o que no lo han tocado desde hace tanto tiempo que no recuerdan donde estaba cada función, estructura, clase, etc.
  - o **La modularidad es vital para el mantenimiento**. Cada grupo funcional debe tener un almacenamiento físico que permita su localización fácilmente. Mediante carpetas y archivos que permitan el trabajo cómodo e independiente. Identificando en el nombre de la función el lugar físico donde está su código.
- "Cuanto más rápido se ejecute el código, mejor código será...". Esto es un **error** que conduce a muchos esfuerzos adicionales para el mantenimiento. El problema surge del método que puede haberse empleado para lograr un código veloz:
  - o Evitar comprobaciones en los datos. Habrá un gran porcentaje de ejecuciones con éxito y rápidas. Pero en algún momento fallarán, y costará muchísimo detectar y corregir el problema.

- o Evitar incluir código para realizar una gestión detallada de los errores. A veces, ni se incluyen rutinas de notificación de errores. Esto da lugar que sean muy difíciles de corregir. Y que el cambio del código para tratar y notificar errores, obligue a reconstruir todo el código escrito para añadir un parámetro o capturar una excepción, por ejemplo.

- o Se mantienen recursos abiertos innecesariamente para evitar consumir tiempo en cerrarlos y volverlos a abrir. Este comportamiento da lugar a gran consumo de memoria y a problemas en la compartición de los recursos. Por tanto, con el tiempo, puede que sea necesario reescribir todo el código dando lugar a una penalización mucho mayor que lo que el beneficio de la velocidad proporcionaba.

- • "El código debe ser sólido en todos sus niveles". Es decir, que cada función debe validar los datos que recibe y debe tratar los errores que captura, además de reenviarlos luego. Este modo de programar escribe muchísimo código de comprobaciones que dificulta la comprensión del objetivo de la propia función. El método mejor es **combinar comprobaciones y validaciones con la falta de las mismas**. Es decir, que existe una capa de validación de datos; pasada la cual ya no se vuelven a validad. Desconfiar de los datos recibidos en los parámetros no garantiza que la función no falle, sino que podemos conocer mejor el motivo. Pero resultan redundantes innecesariamente. La filosofía debe ser la contraria: **confiar en los datos recibidos, salvo cuando estos provengan de fuera de la aplicación: del usuario, de una base de datos, de recursos externos, etc.** Es decir, cuando provengan de orígenes que pueden ser alterados por otros agentes distintos del propio programa.

- • "La seguridad es lo primero". Este criterio sí debe valorarse como **acertado**. Un código que solo falle 1 vez de cada 1.000, pero es muy rápido, es mucho menos deseable que uno que falle cada 10.000 veces, aunque haya que esperar un poco más a sus resultados. **Los errores en los resultados pueden causar serios problemas en los usuarios.** Y la obtención de mensajes de error, en vez de los resultados, es frustrante y genera desconfianza ante el código de la aplicación. Por ese motivo:

o Es mejor utilizar código ya escrito y probado, que escribir nuevo código.

o Es mejor emplear instrucciones de alto nivel que codificar microinstrucciones que hagan un trabajo semejante.

o Es mejor emplear lenguajes especializados, como SQL y procedimientos almacenados, que crear rutinas en un lenguaje genérico para hacer el mismo trabajo.

o Es mejor delegar la obtención de resultados en programas ya existentes; y adaptar su interfaz, que escribir nuevos programas que hagan lo mismo pero que se integren mejor con nuestro código.

o La penalización de la seguridad suele ser la velocidad. Pero hay que tener en cuenta que, cada generación, los ordenadores son más rápidos. Por lo que un código seguro y lento, acabará siendo seguro y aceptablemente rápido. Pero un código inseguro y rápido, acabará siendo sustituido por otro más seguro, aunque menos veloz.

• "Todo desarrollo debe diseñarse pensando en su corrección, mantenimiento y actualización". Lo que es **acertado**, significa que dividir los ejecutables para que puedan sustituirse, sin afectar a otros fragmentos funcionales; es una buena práctica. Por ese motivo se han desarrollado tecnologías de librerías dinámicas; arquitecturas distribuidas; y ejecuciones orientadas exclusivamente a la atención a la petición de página, de servicio, o a la atención de eventos; no integrados en la interfaz de usuario.

o Separar la interfaz de usuario (**vista**); de la parte de control de ejecución (**controlador**); y de la capa de acceso al modelo de datos y comportamientos (**modelo**); favorece el mantenimiento del código. Pues cambiar uno de sus elementos, se puede realizar sin afectar a los otros.

• "Dentro de una aplicación, lo más susceptible de necesitar mejoras es la capa de la interfaz de usuario, y de la interfaz con otros elementos. Luego, le sigue la capa de atención a las peticiones generadas desde dicha interfaz. Y, por último, la capa de almacenamiento y gestión de datos, decisiones y comportamientos". Lo que podría considerarse como **acertado,** nos indica que un desarrollo que pretenda funcionar ante gran cantidad de configuraciones posibles, debería priorizar la gestión de cambios según el orden siguiente: **Vista, Controlador** y **Modelo.**

- "El mejor lenguaje de programación es el más nuevo". Esta percepción es un **error.** Algunos criterios para elegir un lenguaje de programación serían, ordenados por importancia:

    1. Posibilidad de obtención de **beneficio económico** del desarrollo realizado. Algunos lenguajes interpretados obligan e entregar el código fuente al cliente. Otros, en cambio, necesitan de códigos intermedios que separan la propiedad de la aplicación, de la del código fuente de la misma.

    2. **Integración con la arquitectura** informática de decidida para el desarrollo a llevar a cabo.

    3. **Número de programadores** que lo conocen y lo utilizan.

    4. **Número de aplicaciones desarrolladas con éxito** en dicho lenguaje.

    5. **Cantidad de rutinas disponibles** para su reutilización con él: librerías, clases, códigos fuentes, etc.

    6. **Facilidad para la generación de código libre de errores:**

        - **Eficacia de los compiladores**: algunos compiladores detectan más errores que otros. Y para unos lenguajes se detectan más que para u otros.

        - Uso de tipado fuerte o débil: El **tipado fuerte** obliga a comprobar exhaustivamente el dato que recibe cada variable, lo que permite detectar los cambios de tipo involuntarios. Sin embargo, no detecta errores en el valor del dato en sí. El **tipado débil** permite cambios de tipo y realiza conversiones implícitas; lo que resuelve la mayoría de los problemas, pero deja unos pocos casos que requieren intervención explícita del programador. En general, el tipado fuerte es preferible.

        - **Comprobación previa o diferida, de variables.** En el primer caso, todo el código se comprueba antes de generar el ejecutable. En el segundo caso, solo se detecta un error si se accede a elementos inexistentes cuando se pasa por su código, o los crean. Por ejemplo: Algunos lenguajes interpretados crean una variable nueva si el programador la escribió mal; otros obligan a que se declaren todas las variables, previamente. En general, la comprobación previa es preferible.

- **Tratamiento de errores incluido en el lenguaje de programación o no.** Así, las excepciones de la POO, o el modo de "accionfin" de las acciones de Epi; son mejores que la ausencia de mecanismos en el lenguaje.

7. Disponibilidad de **herramientas de desarrollo** de alta productividad y velocidad de desarrollo, depuración y pruebas.

8. **Facilidad de aprendizaje.**

9. Posibilidades para la generación y el acceso a la **documentación** del código, del lenguaje de programación, y de sus librerías y demás recursos.

10. **Adaptación a múltiples plataformas** de ejecución y dispositivos.

11. **Interacción con otros lenguajes de programación:** capacidad de generación de aplicaciones con código mixto.

12. **Rendimiento** de la aplicación en comparación con el desarrollo equivalente en otros lenguajes. Hay lenguajes de programación que producen un código más rápido que otros. Sin embargo, pueden penalizar en los tiempos de desarrollo o en otros aspectos. Deben valorarse en conjunto sus beneficios y sus perjuicios, comparativos.

- La creencia de que: "cuanto mayor tamaño tiene una aplicación, mejor" es; también es un **error**. El código de programación mide su calidad por otros criterio, ordenados por importancia:

  1. Capacidad para producir resultados correctos: **fiabilidad**.
  2. Capacidad para notificar errores y el método para corregirlos: **Robustez**.
  3. Facilidad para mejorarlo: **Mantenibilidad**.

4. Coste de propiedad y mantenimiento, respecto al beneficio que repercute: **Retorno de la inversión.**

5. Capacidad para adaptarse a diferentes entornos: **Flexibilidad o Configurabilidad.**

6. Capacidad para interactuar con el usuario de la mejor manera posible: **Productividad y Ergonomía.**

7. Capacidad para combinar sus datos, tanto de entrada como de salida con otras aplicaciones: **Integración con sistemas externos, Exportación-Importación.**

8. **Adaptación** a diferentes plataformas y tecnologías de acceso: Uso multidispositivo y Distribución del método de acceso.

9. Consumo de pocos recursos y velocidad de ejecución: **Rendimiento.**

10. **Independencia del desarrollador:** Código abierto, entrega del código fuente, o compatibilidad con otras soluciones.

Estilos de programación funcional-procedural

Los lenguajes C, C++, Epi, Java, JavaScript y Php soportan diferentes paradigmas de programación. La programación más básica es la de tipo **funcional-procedural**. Donde la unidad máxima de ejecución es la función; y, exteriormente a ella, se pueden declarar estructuras de datos y datos globales, pero que no tienen capacidad ejecutiva.

Otro paradigma de programación es la **POO (Programación Orientada a Objetos)** donde la unidad de ejecución se traslada a los objetos. Los cuales son instancias de estructuras estáticas que contienen **métodos** (elementos de ejecución semejantes a las funciones) y **atributos** (datos básicos u objetos), denominadas **clases**. Exteriormente, se declaran estas estructuras estáticas donde se definen los componentes de los objetos, que se crearán siguiendo su formato; y, también, las variables globales. Dependiendo del lenguaje orientado a objetos utilizado, el inicio de la ejecución se encuentra en una función, en una función estática dentro de una clase, o en la construcción de un objeto.

La programación funcional-procedural puede tener tres tipos de codificación diferentes; que en Epi están identificados separadamente y que en los otros lenguajes de programación son factibles en mayor o menor medida.

La programación funcional sin operadores

Esta forma de programar es la más sencilla que existe. Y depende de los otros modos de programar para poderse llevar a cabo. Por tanto, precisa que se desarrolle una base mínima que cubra las carencias de este tipo de programación para poder realizarla.

Los elementos de la programación funcional sin operadores son las funciones y los datos recibidos como parámetros. Pero no se pueden crear datos con este modelo de programación, empleando los mecanismos habituales de los lenguajes de tercera generación. Sino que se deben emplear funciones que lo hagan, y que se implementan fuera de los principios de este modelo.

La función principal de la aplicación manejará una entidad. Sin embargo, la creación de la misma no emplea este tipo de programación.

Supongamos, por ejemplo, que la variable contenedora de los datos se denomine: datos_objeto. La cual sigue la estructura de datos_objetos (en plural). La función principal sería:

En C, C++:

```
int main ()
{
    datos_objetos datos_objeto;
    datos_objeto_crear (datos_objeto);
    <función principal> (datos_objeto);
}
```

En Java:

```
public class inicios {
    public static void main (String [] args)
    {
        datos_objetos datos_objeto = new
         datos_objeto ();
        <función principal> (datos_objeto);
    }

    public static boolean <función principal> (
      datos_objetos datos_objeto)
    {
        // código de programación funcional sin operadores.
    }
}
```

En JavaScript:

```
<script>
    var datos_objeto = new datos_objetos ()
    <función principal> (datos_objeto);
</script>
```

En Php:

```
<?php
    $datos_objeto = array ();
    datos_objeto_crear (datos_objeto);
    <función principal> (datos_objeto);
?>
```

En Epi se debe indicar que <función principal> sigue el tipo de función de "procedimiento" cuando se programa con esta modalidad. Pero la función que crea datos_objeto debe ser de tipo "entidad" pues es el modelo de programación que sí permite crear entidades. El código de la función principal sería:

```
accion:
    ejemplo iniciar ejecucion
entrada:
salida:
dependencia:
    datos_objeto_crear (...), _funcion_ (...)
accionfin:
    "terminarfinmal"
acciontipo:
    "entidad"
local: datos_objeto
= datos_objetos
datos_objeto_crear (datos_objeto)
<función principal> (datos_objeto)
financcion
```

A partir de la función de inicio, construida con un sistema de programación distinto, realizaremos la programación funcional sin operadores, con las siguientes características:

- **Las funciones siempre devuelven un valor booleano.**
- **Las funciones siempre pueden modificar sus parámetros.**
- Las funciones siempre tienen un **número variable de parámetros**, unos son obligatorios, y otros opcionales.
- Se pueden utilizar las constantes de tipos básicos.
- Las funciones **no pueden crear variables**, pero existen funciones que añaden campos a la variable "datos_objeto" y otras que le quitan atributos. Por ejemplo:
  - o datos_objeto_poner (datos_objeto, "var_1", "tipo")
  - o datos_objeto_quitar (datos_objeto, "var_1")
- **Existen funciones para hacer las todas operaciones** propias del manejo de datos. Por ejemplo:
  - o datos_copiar, datos_referenciar, datos_comparar, datos_sumar, datos_restar, datos_multiplicar, datos_dividir, datos_modulo, datos_concatenar, etc.
- **Los operadores lógicos se implementan mediante sentencias condicionales: "if-else", "si-contra".** Y su resultado se evalúa en las condiciones especiales de ejecución. Así, por ejemplo:

```
if (datos_objeto.var_1 && datos_objeto.var_2) {
    <código si verdad>
} else {
    <código si falso>
}
```

Es equivalente a:

```
datos_copiar (datos_objeto.evaluar, false);
if (datos_objeto.var_1) {
    if (datos_objeto.var_2) {
        datos_copiar (datos_objeto.evaluar, true);
    }
}
if (datos_objeto.evaluar) {
    <código si falso>
} else {
    <código si falso>
}
```

Otro ejemplo es:

```
if (datos_objeto.var_1 || datos_objeto.var_2) {
    <código si verdad>
} else {
    <código si falso>
}
```

Es equivalente a:

```
datos_copiar (datos_objeto.evaluar, false);
if (datos_objeto.var_1) {
    datos_copiar (datos_objeto.evaluar, true);
} else if (datos_objeto.var_2) {
    datos_copiar (datos_objeto.evaluar, true);
}
if (datos_objeto.evaluar) {
    <código si falso>
```

```
} else {
    <código si falso>
}
```

Un ejemplo con paréntesis es:

```
if (! (datos_objeto.var_1 || datos_objeto.var_2)) {
    <código si verdad>
} else {
    <código si falso>
}
```

Es equivalente a:

```
datos_copiar (datos_objeto.evaluar, false);
if (datos_objeto.var_1) {
    datos_copiar (datos_objeto.evaluar, false);
} else {
    if (datos_objeto.var_2) {
        datos_copiar (datos_objeto.evaluar, false);
    } else {
        datos_copiar (datos_objeto.evaluar, true);
    }
}
if (datos_objeto.evaluar) {
    <código si falso>
} else {
    <código si falso>
}
```

También se pueden utilizar funciones para implementar esos operadores. Por ejemplo:

o datos_y (...), datos_o (...), datos_xor (...), datos_no (...), etc.

Pero esta solución genera expresiones complejas y poco legibles. Mientras que la anterior, aunque escribe más código, no precisa de operaciones lógicas.

La programación funcional sin operadores permite un modo de expresividad semejante a los diagramas dinámicos de actividad de UML y es recomendable para comenzar a aprender a programar.

Este modo de programación ha sido extendido, en Epi, al permitir declarar vías paralelas de ejecución mediante las instrucciones del lenguaje: bifurcacion y reunion.

Una "bifurcación" realiza llamadas a funciones definidas en su bloque de código, para que se ejecuten en paralelo. Una "reunión" espera a que finalicen las funciones lanzadas con bifurcación que se indican en su interior.

La declaración de una función con este modo de programación, en Epi, debe hacerse indicando que es de tipo "procedimiento"; como en el ejemplo siguiente:

```
accion:
    ejemplo escribir funcion de tipo procedimiento
entrada:
    datos_objeto tipo: datos_objetos
salida:
dependencia:
    <funcion_1> (...), <funcion_2> (...), <funcion_3> (...)
accionfin:
    "terminarfinmal"
acciontipo:
    "procedimiento"
bifurcacion {{{
    <funcion_1> (datos_objeto)
    <funcion_2> (datos_objeto)
    <funcion_3> (datos_objeto)
}}}
// <código Epi de procedimiento>
reunión {{{{
    <funcion_1> (datos_objeto)
    <funcion_3> (datos_objeto)
}}}}
// Código Epi de procedimiento que se ejecuta
//   tras finalizar <funcion_1> y <funcion_3>
financcion
```

Un lenguaje de programación que solo implementara este método de programación, tendría que aportar una solución para crear objetos y atributos; y funciones para las operaciones matemáticas, lógicas, de caracteres, etc. Lo cual no es complicado. Y permitiría que el lenguaje fuera muy simple. Pues tendría, básicamente, solo: funciones;

instrucciones de bifurcación y reunión; y mecanismos para crear funciones.

La programación funcional simple

Este modo de programación limita las capacidades totales de la programación funcional-procedural con el objeto de facilitar su escritura; evitar algunos problemas que pueden surgir en otras fases del desarrollo; y facilitar la migración entre lenguajes de programación.

Este modo de programación está implementado para las acciones de tipo "entidad" en Epi, y puede ser simulado por los otros lenguajes de programación.

Las características de la programación simple son las siguientes:

• Todas las funciones **retornar un valor booleano**. Esto significa que no son adecuadas para emplearlas con operadores no booleanos, como son los matemáticos, los de asignación, de cadena de caracteres, etc. Y limita su uso con los operadores de comparación.

   o   Esto permite simplificar la escritura de expresiones simples, ya que no favorece la creación de expresiones compuestas, que resultan más complejas.

   o   Al no permitirse la asignación a variables no booleanas del retorno de las funciones, debiéndose emplear parámetros de salida; se crean más variables y más líneas de código para las operativas. Lo que mejora su comprensión, depuración y seguimiento.

• **Todos los parámetros de las funciones son pasados por referencia.** Esto permite que puedan ser modificados. Lo que da flexibilidad ante los cambios en su código.

   o   Sin embargo, esto supone un inconveniente, si se deben pasar constantes como parámetro. Pero se pueden emplear variables temporales.

• **Todas las funciones permiten paso variable de parámetros, tras la lista de parámetros obligatorios.** Lo que favorece que una modificación de las mismas permita añadir parámetros adicionales sin que esto afecte al uso previo que se hacía de la función sin utilizarlos.

- **El orden de los parámetros se establece de la siguiente manera:**
  - o Primero los parámetros que son datos necesarios para la función pero que no está previsto que vayan a modificarse. Son **solo de entrada.**
  - o Luego los parámetros que es seguro que se van a modificar. Son parámetros **de modificación.**
  - o Después, los parámetros cuyos datos iniciales no son utilizados, pero que reciben los datos finales, resultados de la ejecución de la función. Son los **de salida.**
  - o Finalmente se emplean funciones especiales para la gestión de los **parámetros opcionales**, aquellos que pueden no aparecer en la llamada a dicha función. Estos pueden ser de cualquier tipo: entrada, modificación o salida. Pueden gestionarse de varias formas, recomendándose dos de ellas:
    - ▪ Como una lista de nombre-valor. Por ejemplo, con arrays de índice de cadena de carácter y valor variable (como en Php y JavaScript); o con mapas clave-valor (como en C, C++, Java o Epi).
    - ▪ Empleando funciones de acceso a la pila de parámetros variables de la función. Pasándolos por pares: nombre, valor (dos parámetros por cada dato).
- **Se reducen las instrucciones de programación que utilizar:**
  - o La instrucción "switch" deja de emplearse. Es sustituida por los "if" encadenados.
  - o Las instrucciones repetitivas do ... while y for dejan de utilizarse.
  - o La instrucción repetitiva while para a emplearse sin condición, se usa como while (true) (En Epi se usa: "repetir"). Esto obliga a utilizar "break" ("salir", en Epi).
- **Se define la modularidad máxima en la función** (denominada: accion). De modo que cada una se guarda en un archivo separado.
- **Las variables globales pasan a declararse dentro de las funciones.** Pero, si el lenguaje de programación no lo permite, entonces se crean dentro de una única estructura, denominada,

por ejemplo: "globales" ($GLOBALS en Php). Epi sí permite la declaración de globales dentro de las acciones; y su uso o creación, se indica en la sección de "dependencia:" de su firma.

- **Las estructuras de datos pasan a ser construidas dinámicamente**, empleando funciones especializadas para ello, empleando las posibilidades del lenguaje. Así:
  - o C/C++ precisan del uso de listas o mapas, construidos en memoria y soportados por punteros (referencias)
  - o Java utiliza listas o mapas soportados por objetos de esas clases.
  - o JavaScript emplea arrays con índice de cadena de caracteres; y objetos abiertos, que permiten que se les añadan atributos y punteros a funciones, en tiempo de ejecución.
  - o Php utiliza arrays con índice de cadena de caracteres.
  - o Epi emplea entidades, las cuales añaden atributos y punteros a funciones, en tiempo de ejecución.
- **Se normalizan los operadores de asignación, de modo que =, +=, -=, *=, /=, %=, etc. realizan, siempre, copia de valores.** Los lenguajes de programación que hacen copia en unos casos y asignación de referencia en otros, deben emplear funciones especiales para diferenciar la copia de la compartición (como es el caso de Java y JavaScript). Por ejemplo: objeto_copiar, mapa_copiar, objeto_compartir y mapa_compartir.
- **Se limitan los niveles de indirección de las referencias a una sola.** Es decir, no se usa una declaración en C/C++ del tipo: int * * puntero_a_puntero_a_entero.
- **No se permiten los cambios de tipo de las variables.** Así, si una variable contiene un entero en un momento, no puede pasar a contener otro tipo de dato.
- **Los operadores de comparación no se usan con los tipos de dato flotante**, ya que estos tipos tiene un salto de precisión que puede hacer que fallen.
- **Los operadores matemáticos no mezclan enteros y flotantes.** Se usan conversiones de tipos intermedias y se separan las expresiones compuestas en otras más simples.

- **Las conversiones de tipos dejan de ser implícitas.** Esto es algo que ocurre en JavaScript y Php, y deben controlarse y prevenirse.
- **La gestión de errores se realiza mediante el retorno de la función.** Si retornan verdad es que no hubo error. Si retornan falso es que hubo **error**, o su resultado ha sido **falso** (si es que retornan se va a emplear en una operación booleana). Adicionalmente, se puede utilizar un parámetro de salida: error; que contiene un mensaje informando del mismo, configurable para que pueda traducirse a diferentes idiomas. (Epi implementa tres tipos de gestión de errores: "terminarfinmal", "terminarexcepcion", "continuar").
  - o **No se recomienda hacer uso de las excepciones.** Pues no corresponden con la programación funcional-procedural. Aunque C++, Java, Php y Epi las permiten (Solo se usarían en casos excepcionales y muy raros).
- **Se establece un sistema de nomenclatura de funciones que incluye el nombre de la carpeta, clasificador, o sujeto; a la que pertenecen.** Es un sistema semejante a los "namespace" de POO, pero sin estar soportado por el lenguaje de programación.
- **Las variables globales se incluyen de manera estructurada dentro de nombres que indican la carpeta, clasificador, o sujeto; a la que pertenecen.**
- **Se define un formato para los nombres de las variables:**
  - o Se utiliza el **singular**, nombres completos, separados por el guión bajo (_).
  - o No se utilizan acentos ni caracteres extraños (excepto la ñ y la ç, en Epi).
  - o Solo se usan abreviaturas cuando son sobradamente conocidas.
  - o Se pueden emplear sufijos para indicar el tipo de dato: _array, _num, _frase, etc...
  - o Las variables se estructuran para organizarlas mejor, creándose objetos jerarquizados que las contienen.
- **Se define un formato fijo para dar nombres a las funciones:**
  - o Carpeta, clasificador, o sujeto: Se recomienda que termine en **plural**, y que siga el formato de los nombres de variable para el resto.
  - o Verbo en infinitivo

o   Definición corta de la función.
o   Ejemplo: cuadrados calcular area.

●

Programación funcional simple orientada a objetos y con código externo

Aunque la programación orientada a objetos se explica más adelante; conviene mencionar, en este punto, la influencia que tiene en la programación funcional simple. Por lo que da lugar a una extensión para soportar parte de sus características.

Por tanto, esta extensión de la programación funcional simple sigue los principios de la POO, aunque no implementa todas sus propuestas.

Básicamente, para simular los métodos, hace uso de referencias a funciones dentro de atributos de las estructuras dinámicas de datos (entidades). Así, por ejemplo, la clase cuadrados en C++ sería:

```
class cuadrados {
private:
    int x,y;
    int lado_tam;
public:
    cuadrados (int & x, int y, int lado, string & error);
    boolean calcular_area (int & resultado, string &
    error);
}
```

En Java sería:

```
public class cuadrados {
private:
    int x,y;
    int lado_tam;
public:
    cuadrados (int & x, int y, int lado, string & error);
    boolean calcular_area (int & resultado, string &
    error);
}
```

Pero en esta modalidad de programación **no hay estructuras estáticas, por lo que no hay clases, ni interfaces**.

En Epi, la clase sería:

```
accion:
```

```
        cuadrados crear clase
entrada:
    x tipo: 0
    y tipo: 0
    tam_lado tipo: 0
salida:
    error tipo: ""
dependencia:
    cuadrado, x de cuadrado, y de cuadrado, tam_lado de
    cuadrado, cuadrados calcular área (...)
accionfin:
    "terminarfinmal"
acciontipo:
    "entidad"
global: cuadrado
global: x de cuadrado
= 0
global: y de cuadrado
= 0
global: tam_lado de cuadrado
= 0
global: area de cuadrado
= ref: cuadrados calcular área (...)
financcion
```

La acción cuadrados crear clase construye un objeto global. A partir de la existencia de ese objeto, es posible crear nuevos objetos por copia. Los objetos pueden modificarse dinámicamente, añadiéndoles atributos y referencias a acciones.

Las acciones de la clase deben tener el mismo sujeto, en este caso: cuadrado. Y deberían estar en la misma carpeta. Además, tienen que recibir un parámetro que tiene el mismo nombre que el sujeto, pero en singular. Y que representa al objeto "this" común a C++, Java, JavaScript y Php. Por tanto, escribir un método miembro de una clase supondría, en Epi:

```
accion:
    cuadrados calcular area
entrada:
    cuadrado tipo: cuadrados
salida:
    resultado tipo: 0
    error tipo: ""
dependencia:
accionfin:
    "terminarfinmal"
```

```
acciontipo:
   "entidad"
resultado = lado_tam de cuadrado * lado_tam de cuadrado
finbien
financcion
```

La programación funcional simple no utiliza "this", ni tiene definición de la visibilidad de los atributos y métodos, como privado, protegido o público.

La sustitución de métodos no se realiza por el mecanismo de la herencia, sino mediante la reasignación de los atributos que hacen referencias a función.

Las excepciones se pueden lanzar en Epi con `finexcepcion:` seguida de una cadena de caracteres que describe el error. Las excepciones son capturadas por un tipo especial de acciones, que son de tipo: `"interfaz"`. Estas acciones tienen una sección que las otras acciones (`"procedimiento"` y `"entidad"`) no tienen, situada antes de `finaccion` y que comienza por `tratarexcepcion: objetoexcepcion`. Siendo `objetoexcepcion` una variable que recoge el mensaje de la excepción.

En otros lenguajes de programación, la captura se realiza con:

```
try {
...
} catch (<objeto recibido>) {
...
}
```

El método de "programación funcional simple orientada a objetos" establece que la captura de las excepciones es única en el cuerpo de una función; y para todo el código de la función (salvo el código de tratamiento de la excepción). Además, solo hay una clase para el objeto recibido al lanzar la excepción, y debe contener una cadena de texto que describa el error.

Las limitaciones de la programación orientada a objetos que presenta este método de programación, simplifican su uso. Pues, al no presentar herencia; ni sustitución de métodos; ni visibilidad privada, protegida, pública, etc; ni el objeto "this; se reduce a la posibilidad de incluir referencias a acciones dentro de las estructuras dinámicas que representan al objeto. Sin embargo, la posibilidad de extender dinámicamente los objetos, es una ventaja que otros lenguajes de POO no permiten fácilmente. Además, la necesidad de indicar explícitamente el parámetro equivalente a "this" hace más claro su código para los programadores más inexpertos.

Respecto a la posibilidad de incluir código externo, los lenguajes C, C++ y Java, no lo permiten (aunque las Java Server Pages (JSP) sí lo permiten). JavaScript, Php y Epi (para las acciones de tipo "interfaz") sí lo permiten.

JSP utiliza un inicio de etiqueta: <% Para indicar el inicio del código Java, y %> para el fin.

JavaScript incluye su código entre las etiquetas <script> y </script>.

Php incluye su código de programación entre las etiquetas <?php y ?>. Fuera de esas etiquetas se puede incluir código que no sea el de esos lenguajes de programación.

Epi permite poner código externo dentro de las etiquetas noepi: y epi:. Fuera de esas etiquetas se escribe el código Epi.

Las estructuras de datos estáticas

La evolución de los lenguajes de programación surge a partir de la codificación de las operaciones a realizar, empleando los códigos numéricos binarios de las instrucciones de los microprocesadores. Luego, se pasó a escribir instrucciones mnemotécnicas sencillas, con texto; denominando "ensamblador" a ese lenguaje. Más tarde, se enriqueció el lenguaje con instrucciones de control de secuenciamiento, las condiciones y las repeticiones. Posteriormente, los lenguajes de tercera generación se apartaron del ensamblador, acercándolo al idioma humano.

La filosofía de los lenguajes de tercera generación era la de aproximar la escritura del código de programación, a la escritura de fórmulas matemáticas; añadiendo la posibilidad de utilizar variables e instrucciones de control. Esta filosofía condicionó el uso de los operadores binarios propios de la formulación matemática. Distintos del formato de llamadas a funciones, que se desarrolló para estructurar la operativa. El cual consistía en el nombre de la operación; seguido de los datos con los que operar. Por el contrario, los operadores binarios parten de un dato inicial; luego se indica el operador; y, a continuación, el segundo operando, el dato final.

La programación con operadores binarios es poco flexible, pues no permite números de parámetros distintos de dos. Lo que resulta poco útil cuando se necesitan más parámetros. Actualmente, las corrientes de creación de lenguajes de programación se acercan más a las gramáticas lingüísticas sencillas, antes que a las formulaciones matemáticas.

Dentro de la codificación en los lenguajes de segunda generación, era usual manejar las direcciones de memoria donde se almacenaban los datos, como bloques grandes que contenían diversos subdatos. Los cuales eran accedidos por desplazamientos desde el inicio del bloque. Por ese motivo, el desplazamiento 0 daba lugar al primer dato, y los demás desplazamientos se sumaban a él. Sin embargo, el lenguaje humano tiende a numerar las posiciones de los datos desde la primera, a la que se le da el índice 1; y, luego, calcular los desplazamientos sumándolos a dicho inicio. El problema de los desplazamientos surge cuando se tratan de calcular distancias entre posiciones. Así, si tengo las posiciones: 0, 5, 15 y 31. La distancia entre la 5 y la 15 es: 15 - 5 = 10. El tamaño del tramo entre 5 y 15, es

10. Pero su última posición es uno menos, es decir: 9; y la primera posición del tramo es la 0. Por tanto, la posición 5 + 10 no pertenece a la zona de memoria del trozo que empieza en 5, sino que es el primer dato del trozo que empieza en 15. Esta dificultad se supera a base de practicar, de ensayo y error, básicamente.

El uso de desplazamientos para acceder a datos ha dado lugar a la creación de estructuras de datos estáticos. En ellas, las posiciones de cada bloque son accedidas por un nombre, en lugar de por la suma de una cantidad de bits.

Los lenguajes de programación C, C++, Java, JavaScript y Php permiten la construcción de estructuras de datos estáticos. Y, también, de estructuras de datos dinámicas. Epi solo permite estructuras de datos dinámicas. Ya que resulta innecesario usar un modelo, existiendo otro; y considera que las estructuras dinámicas son más flexibles, aunque eso implique una posible merma en la velocidad de ejecución.

Las estructuras de datos dinámicas ocultan las direcciones y los desplazamientos aún más que las estáticas. No se sabe donde están los datos dentro de los bloques teóricos que los albergan. De hecho, puede que no se almacenen de manera contigua, ni que se acceda a ellos sumando desplazamientos; o puede que sí. Los identificadores de los datos dinámicos pueden generarse dinámicamente, con cadenas de caracteres o con números; pero también pueden asignarse a variables para que los referencien.

En C las estructuras de datos se declaran con la palabra clave "struct", seguida del nombre que se le da a esa declaración de estructura teórica. Y no implica reserva de memoria, hasta que se declare una variable construida según ese nuevo tipo de dato. Por tanto, a partir de los tipos de datos básicos se pueden crear nuevos tipos de datos estructurados. Un ejemplo sencillo sería:

```
struct estructuras_estaticas {
    int inicio;
    int longitud;
    char nombre [20];
}
```

Los arrays, en C, C++ y Java, se pueden considerar estructuras de datos estáticas. Pues su acceso es por desplazamiento. Su índice es el que indica el punto de destino, tras multiplicarlo internamente por el tamaño del dato de la celda, que es el mismo para todas ellas.

En JavaScript y Php, los arrays son dinámicos; y muy flexibles, por tanto. Permitiendo celdas de tamaños diferentes; e índices por número o por cadena de caracteres.

Epi gestiona los array por medio de funciones externas al lenguaje, lo que permite que tengan diferentes implementaciones. Y son estructuras dinámicas, como todas en ese lenguaje.

En C, para utilizar una estructura de datos, se declara una variable y se indica que su tipo es el de la estructura. Por ejemplo:

```
struct estructuras_estaticas variable_struct;
```

EL lenguaje C tiene, además, otro tipo de estructura estática en la que se reserva la memoria correspondiente al tamaño que ocupa el mayor, en tamaño, de sus atributos. Dicha estructura se denomina "union" y solo contendrá uno de los posibles datos indicados por sus atributos. El formato es:

```
union union_de_atributos {
    int atributo_entero;
    float atributo_flotante;
}
```

Para declara una variable de ese tipo se escribiría el código:

```
union union_de_atributos variable_union;
```

El acceso a los atributos de las estructuras y las uniones se realiza mediante el separado punto (.), por ejemplo:

```
variable_struct.inicio = 0;
```

Si lo que se declara es una referencia a una estructura o a una unión, entonces el separador es la flecha (->). Por ejemplo:

```
union union_de_atributos * variable_union_ref = null;
```

Es conveniente indicar que el asterisco detrás de un tipo de dato indica que es una referencia a un dato con ese tipo. Pero delante de una variable, y no precedido por un tipo de dato, significa que se accede al dato referenciado por dicha variable (que debe ser una referencia).

Para que una referencia reciba la dirección de una variable, es decir, comparta con ella la dirección en memoria de sus datos, debe usarse el operador ampersand (&) que devuelve la dirección de memoria que asignar a una referencia:

```
variable_union_ref = & variable_union;
```

Al acceder a un atributo referenciado se accede a la misma posición de memoria que el dato en sí. Por tanto, si hacemos:

```
variable_struct->inicio = 10;
variable_struct.inicio = 0;
```

Las dos instrucciones modifican el mismo dato y, finalmente, contendrá un 0, aunque antes recibió un 10.

En C++, las estructuras se integran dentro del concepto de "clase" que no existe en C y que nos conduce hacia la programación orientada a objetos. Una estructura en C++ pasa a ser igual que una clase. Pero con la definición, por defecto, de que los atributos son públicos, mientras que, en las clases, son privados. En C++ es posible declarar métodos pertenecientes a una estructura, pero en C no es posible.

En Java, las estructuras de datos estáticas son clases, como en C++. Y no hay otras. Su formato más sencillo sería, por ejemplo:

```
class clases_estaticas {
    int inicio;
    int longitud;
    char [] nombre;
}
```

Para que una variable tenga la estructura de esa clase, se debe emplear la instrucción "new" de la forma siguiente:

```
clases_estaticas variable = new clases_estaticas ();
```

El acceso a los atributos se realiza empleando el separador punto (.), por ejemplo:

```
variable.inicio = 1;
```

En JavaScript, no hay estructuras estáticas. Pero se pueden obligar a que los objetos lo sean mediante el método Object.seal. Crear una estructura de datos en JavaScript se puede hacer de dos maneras:

- Empleando una definición de objeto JSON, que se define entre llaves ({, }) y tiene el formato: nombre del atributo, seguido de dos puntos (:); y, luego, su valor; separados por comas (,). Tal y como se puede ver en el ejemplo siguiente:

```
{
    nombre_atributo: <valor>,
    otro_atributo: <valor>
};
```

Dicho formato de clase se le asigna a una variable, con lo que se convertirá en un objeto con esa estructura, por ejemplo:

```
var objeto_1 = {
    nombre_atributo: <valor>,
    otro_atributo: <valor>
};
```

- Mediante la creación de una función constructora. Esta recibe un parámetro no declarado, denominado "this", al que se pueden añadir atributos con el formato: this.<nombre de atributo> = <valor>. Si el atributo no existe, lo crea. Por ejemplo:

```
function mi_objeto () {
    this.atributo = 0;
}
```

Para acceder a los atributos del objeto se emplea el separador punto (.):

```
Objeto_1.nombre_atributo = "valor";
```

Para construir un objeto, se le asigna su definición JSON; o se le asigna el resultado de utilizar "new", seguido de la llamada a la función. Por ejemplo:

```
var objeto_1 = {atributo = 100}; // forma 1: JSON
var objeto_2 = new mi_objeto (); // forma 2: usar función.
```

Para que estos objetos se comporten como si fueran estáticos, hay que "sellarlos" con Object.seal, del modo siguiente:

```
var objeto_1 = Object.seal (objeto_1);
var objeto_2 = Object.seal (objeto_2);
```

En Php, hay estructuras estáticas: las clases. Para declarar una clase que se asemeje a una estructura estática C, hay que utilizar la palabra "class" y declarar los atributos con una visibilidad: "public". Uno de los formatos más sencillos sería:

```
class ejemplos {
    public $nombre_atributo = <valor>;
    public $otro_atributo = <valor>;
}
```

Para utilizar la estructura de datos, se debe emplear la instrucción "new", por ejemplo:

```
$ejemplo = new ejemplos ();
```

El acceso a los atributos se realiza mediante el separador flecha (->). Pero no tiene relación con el separador flecha en C, que se emplea con las variables que son referencias. Un ejemplo sería:

```
$ejemplo->otro_atributo = 15.5;
```

En Epi, no hay estructuras de datos estáticas; igual que en JavaScript o Php. Para construir algo equivalente, se debe crear una acción constructora que modifique un parámetro añadiéndole los atributos. Pero no se puede evitar que se sigan incorporando atributos dinámicamente.

Un ejemplo de acción creadora de objetos sería:

```
accion:
    ejemplo crear objeto
entrada:
    objeto tipo: nulo
salida:
    error tipo: ""
dependencia:
    atributo_1 de objeto, atributo_2 de objeto
accionfin:
    "terminarfinmal"
acciontipo:
    "entidad"
global: atributo_1 de objeto
= 0
global: atributo_2 de objeto
= 0
financcion
```

Los atributos añadidos a un parámetro se declaran con la palabra clave "global:" y deben aparecer en el listado de dependencias. De esa manera, queda documentada, en la firma de la acción, la modificación de la estructura del parámetro.

El acceso a un atributo se indica poniendo primero el nombre del atributo y luego el objeto al que pertenece, separado por la palabra clave "de". Es una formulación semejante a la del lenguaje natural para el idioma español. Por ejemplo:

```
atributo_1 de objeto = 100
```

El orden del atributo y su objeto contenedor es el contrario que en C, C++, Java, JavaScript, y Php.

La programación orientada a objeto

Tras la programación funcional o procedural, surgió un nuevo paradigma de programación: POO (Programación Orientada a Objetos).

La ocultación

Inicialmente, dada la experiencia acumulada por los desarrolladores que la comenzaron a aplicar, ofrecía un mejor encapsulamiento que las funciones junto con los datos globales.

La idea principal, en la que se basaba, era que no debería ser necesario conocer el código interno de una función, ni la composición interna de las estructuras de datos. Lo único que se necesitaba era el conocimiento de una pequeña parte de la implementación del código. Un subconjunto del mismo.

Para conseguir lograr ese objetivo, se hizo necesario definir qué debía ser **público** y qué debía ser **privado**. Y, por tanto, surgió la idea de la "**visibilidad**" de los componentes de una aplicación. Esta visibilidad se repartía entre dos tipos de participantes. Los que solo podían acceder a la funcionalidad pública, y los que podían acceder a toda la funcionalidad.

La evolución de la idea condujo al desarrollo del concepto de "**clase**", en donde existían funciones públicas y funciones privadas. Las funciones públicas podían llamarse desde fuera de la clase, y las privadas solo desde dentro de la clase. Igualmente, los atributos de una clase quedaban definidos como privados fuera de la misma y como públicos dentro de ella.

Los criterios "dentro-fuera" debían indicarse de algún modo. Y, para ello, se ideó el concepto de "**objeto**". Un objeto es un "manejador de una clase". La estructura de una clase es accesible por las funciones que tiene (que están "dentro"), pero el acceso a esas funciones desde "fuera" se realiza desde el "objeto" (que está "fuera"). Para el objeto, solo son visibles las funciones públicas. Y desde las funciones públicas, se accede a las funciones privadas.

Con esos niveles de acceso, se suponía que se evitaba que el programador tuviera que conocer el funcionamiento del la mayoría del código. Y que se simplificaba la programación porque se separaba la parte asociada con una funcionalidad, el objetivo, del "cómo" éste se logra.

Al tener que acceder a los datos, únicamente, por medio de funciones, las cuales están dentro de las clases; se conseguían dos beneficios:

- Por un lado, el código de acceso a los datos (atributos) se podía modificar sin que afectara a quien lo utilizaba. Esto hace que surjan dos tipos de métodos: **setter (escritores)** y **getter (lectores)**. El primero permite cambiar el valor del dato, y el segundo permite conocer dicho valor.
- Los atributos dejan de ser variables globales sueltas. Y se engloban en las clases, sus agrupadores, junto con los métodos que pueden hacer uso de ellos. Los atributos son **privados**, y esos métodos pueden ser **privados o públicos**. Ambos tienen en común que hacen uso de los atributos de la clase a la que pertenecen.

Sin embargo, el concepto teórico que obliga a acceder siempre a los datos por medio de acciones, tiene inconvenientes prácticos a la hora de escribir código. Por ello, se permite el acceso directo a los atributos dentro de los métodos de la clase. Y, más tarde, se decidió que existieran atributos públicos; y que pudieran ser accedidos directamente desde fuera de la clase (desde el objeto), de la misma manera que en la programación funcional-procedural.

El cambio que se deriva de este paradigma, es que las funciones pasan a estar dentro de clases, y a denominarse "**métodos**". El criterio de pertenencia a la clase no está en la necesidad funcional de la aplicación, sino al hecho de aportar operaciones sobre los atributos declarados en ella. La clase representa una entidad del mundo real. Semejante a las entidades de los modelos de bases de datos; pero incluyendo métodos y presentando visibilidades, privada o pública.

Las variables globales se reducen pues se reduce su existencia al alcance de los métodos de la clase; y a la instancia de la clase, el objeto.

Sin embargo, el diseño de datos y acciones, agrupados como atributos y métodos, tiene un inconveniente. Pues, dado que las clases son estructuras de datos estáticas, no es posible añadir un nuevo método o atributo, sin que el tamaño de la estructura de datos se vea afectado. Lo que altera los desplazamientos de acceso a los atributos, y a las referencias a los métodos.

Para resolver ese problema, se desarrolla un mecanismo mediante el cual, si queremos cambiar una clase sin alterar su estructura estática debemos crear una nueva clase, igual a la anterior pero con los nuevos métodos y atributos. Surge, de esta manera, el concepto de herencia.

La herencia

Este mecanismo permite construir una clase a partir de otra, ya existente, a la que le añadimos nuevos métodos y atributos.

La herencia evoluciona desde ese concepto y toma varias alternativas:

- **Herencia simple**: Una clase, la clase derivada; extiende a otra, la clase base.

- **Herencia múltiple**: Una clase suma las características de varias clases, y añade otras nuevas.

La herencia múltiple resulta ser muy compleja cuando nos encontramos con varios niveles de clases base que tengan ancestros comunes. Pues no se sabe si se deben considerar distintas instancias del mismo ancestro, o considerarse como la misma. Por ejemplo: si *abuelos_as* es base de dos clases: *padres_as* y de *padres_bes*; y se crea *nietos_asbes* uniendo los padres. Entonces, los atributos de *abuelo_a* son accesibles por la clase *padres_as* y, también, por la clase *padres_bes*. Lo que causa un comportamiento confuso, pues *nietos_asbes* podría alterar el comportamiento de *padres_bes* por medio de cambiar atributos de *abuelos_as* a través de *padres_as*. Esta situación, ha dado lugar a que la herencia múltiple no se recomiende. Su uso no es posible más que en C++.

Debido al mecanismo de la herencia, la visibilidad se modificó. Surge la visibilidad "**protegida**" de modo que la clase heredera puede ver métodos y atributos, que no son visibles desde el objeto instanciado. Para el objeto son privados, pero para la clase heredera es como si fueran públicos. En Java, además, surge la visibilidad de "**paquete**" que es un agrupador de clases, equivalente a una carpeta del sistema de archivos. Un método en Java tiene la visibilidad de "paquete" por defecto. La cual se comporta como si fuera pública para los objetos que instancian clases del paquete; y privada para el resto, y para la herencia fuera del paquete.

Otro elemento que se quiso incorporar a la herencia fue el de la "visibilidad de la herencia"; de manera que una herencia podía ser privada, pública o protegida. Pero esto solo se ha implementado en C++.

Instanciar clases

Dada la definición de una clase, ésta se emplea para construir un objeto con su estructura mediante el operador: new. Tras una llamada a new, obtenemos una zona de memoria reservada según el tamaño de la clase que se instancia. En esa zona se guardan los datos y las referencias a los métodos que la clase tiene definidos. Las referencias a esos métodos pueden modificarse si se utiliza la **virtualización**, como se verá a continuación.

La memoria reservada con new es asignada a una variable (el objeto instanciado) de diferente manera según el lenguaje de programación. En C++ y Php, la variable es dueña de la memoria, y la asignación de objetos **copia memoria**. En Java y JavaScript, la variable es una referencia a la memoria, y la asignación **comparte referencias**. E C y en Epi, no existe new.

La memoria reservada por new es gestionada por el lenguaje, por lo que se destruye en puntos del código distintos dependiendo del lenguaje de programación. En C++ el objeto deja de existir cuando finaliza el bloque de código donde fue declarado. En Java se destruye cuando no tiene ninguna variable que haga referencia a esa zona de memoria, y el proceso recolector de basura de Java decida destruirlo. En JavaScript y Php para que se destruya debe dejar de estar referenciado.

Los métodos virtuales

La programación orientada a objetos fue sumando características a su idea básica. Y así, se enfrentó a la dificultad del manejo de **referencias a funciones** que hace la programación funcional-procedural.

Las referencias a funciones son direcciones de memoria que no representan datos, sino el código ejecutable de una función. Por tanto, una variable guarda la dirección de una función. Y se accede a ella mediante un mecanismo igual a la llamada normal a una función. Es decir, se pone el nombre de la variable que contiene la dirección de la función y, a continuación, la lista de parámetros que necesita.

Para encapsular las referencias a las funciones dentro de la POO, se consideró necesario que una variable que referenciara funciones solo pudiera hacerlo sobre un pequeño número de funciones. Las que corresponden a su clase o a las clases base de las que hereda.

Para implementar las referencias a las funciones solo a la clase a la que pertenece y a sus clases bases, surgen dos mecanismos:

- Permitir las referencias a métodos, controlando la clase del método referenciada para que esté dentro de los métodos que pertenecen a la línea hereditaria, tal y como ocurre en C++.

- Permitir que solo se puedan referenciar los métodos desde los métodos de las clases base (heredadas) y hacia los métodos de las clases que heredan de las clases base que tengan **el mismo nombre y los mismos parámetros**. Tal y como ocurre en C++, Java y Php.

En el segundo caso, se denominan "**virtuales**" a los métodos base que pueden referenciar a los métodos de las clases que heredan de ellas; y que tienen el mismo nombre y parámetros. Si no pueden referenciar se denominan "**finales**". El proceso de que un método "virtual" referencie a uno de la clase derivada se denomina "**sustitución de métodos**" (override). En C++ esta sustitución se extendió a los operadores: +, -, *, /, etc. Pero no se recomienda hacer uso de esa posibilidad.

Así pues, un método virtual *vitual_1 ()* perteneciente a *padres_as* tiene un código. Se crea una clase *hijos_as* que hereda de *padres_as*, y se escribe un método *virtual_1 ()* con otro código pero mismo nombre y parámetro. Resulta que *padres_as*, cuando llama a *virtual_1 ()*, está llamando a *virtual_1 ()* de *hijos_as*. Porque *virtual_1 ()* de *padres_as* se ha convertido en una referencia a *virtual_1 ()* de *hijos_as*, automáticamente, por el procedimiento de la **virtualización** del método de *padres_as*. Por tanto, ha sido sustituido en aquellos objetos que son de la clase: *hijos_as*. Pero no para aquellos objetos que son de la clase: *padres_as*.

Para entenderlo mejor, es necesario darse cuenta que las clases son descripciones de estructuras estáticas de datos. Pero que no toman representación física en la memoria del ordenador hasta que no se instancias en un "**objeto**" mediante el operador "new" asignándolo a una variable. Por ello, un objeto de la clase *padres_as* es totalmente independiente de un objeto de la clase *hijos_as* que hereda de *padres_as*. En el objeto *padres_as* no se han sustituido métodos, pero en el objeto *hijos_as* sí.

En C++ las funciones virtuales se declaran con la palabra clave "virtual".

En Java y en Php, todas las funciones que no son privadas son virtuales, a menos que se ponga el indicador "final" en su declaración.

Las clases abstractas y las interfaces

Una vez que se establece un sistema de sustitución de métodos, surge una cuestión: ¿por qué hay que poner código en un método que va a ser sustituido? A lo que se dio respuesta mediante un nuevo tipo de clase, en C++, denominada "**clase abstracta**" y que puede contener métodos "**abstractos**" destinados a ser sustituidos, pues no contienen código. Y, en Java y Php, dio lugar a la creación de un nuevo tipo de clase, denominada "**interfaz**", que solo contiene métodos sin código, destinados a ser sustituidos.

Puesto que los interfaces no contienen código que cause problemas de herencia múltiple. **Java permite la herencia múltiple de interfaces,** por lo que tiene dos palabras clave: "extends" para la **herencia simple de clase**; e "implements" para la **herencia múltiple de interfaces**.

Los interfaces son muy útiles porque establecen un conjunto de métodos mínimo que el objeto que los implementa debe presentar. Para entender bien el uso de la herencia de y de las interfaces, hay que entender la división jerárquica del objeto, que se explica a continuación.

La división jerárquica de las clases

En los lenguajes de programación fuertemente tipados, es posible adaptar un tipo a otro usando un operador de **adaptación** (casting). En programación orientada a objetos, **es posible que el operador adaptador dé acceso a una parte del objeto**. Hay que tener en cuenta que **los divisores de esas partes los establece la herencia**. De modo que podemos **adaptar** un objeto para que sea de la clase de cualquiera de sus **clases base**, en la línea hereditaria que tenga. Consiguiendo que solo tenga los atributos y métodos, de esa clase base (incluidos aquellos que hereda). Pero conservando los métodos que han sido sustituidos (virtualizuación) al redefinirlos en las clases derivadas. Es decir, que es un objeto de una clase base **con métodos que hacen referencia a métodos de la clase heredera**. Por ejemplo, en Java:

```
class bases {
    public boolean metodo_hacer_1 () {
        return true;
    }
}
class herederas extends herederos {
    public boolean metodo_hacer_1 () {
        return false;
    }
}
public class principales {
    public static void main () {
        boolean ret = true;
        herederos heredero = new herederos ();
        // Hacemos una adaptación jerárquica:
        bases base_adaptada = (bases) heredero;
        ret = base_adaptada.metodo_hacer_1 ();
        // ¡ret será false!
        // Sin adaptación:
        bases base_normal = new bases ();
        ret = base_normal.metodo_hacer_1 ();
        // ¡ret será true!
    }
}
```

En este ejemplo se puede observar que la adaptación (casting) no ha cambiado la virtualización de las funciones. Por tanto, *metodo_hacer_1* es el correspondiente a herederos, no a base.

En el código se sigue la recomendación de que las clases tengan nombres en plural, y los objetos en singular; y que los métodos contengan un verbo en infinitivo. También se puede observar que en un archivo Java puede haber varias clases, pero solo una será pública y, por tanto, visible. El resto queda oculto.

En Java, todas las clases descienden de la clase Object, aunque no se indique.

En C++ no descienden de nadie, a menos que se indique.

La ventaja de que desciendan de Object es que siempre existe una adaptación para la que son compatibles. Pues todas tienen los atributos y métodos, de la clase Object.

Las clases anónimas

El mecanismo de referencias a funciones de la programación funcional-procedural podría quedar sustituido completamente por la virtualización, por lo que, en algunos lenguajes orientados a objetos, como Java, ya no se permite.

Para implementar una solución semejante a las variables que referencian funciones, se crea el concepto de "**clases anónimas**". Las cuales solo se instancia una vez. Por ejemplo, dadas dos clases que no tienen relación entre sí, podemos crear una clase que nos permita llamar a un método de la otra clase, de manera anónima, y sustituyendo su comportamiento de la manera que deseemos.

Para ello, definimos, detrás del "new", el nombre de la clase padre que extiende, o de la interfaz que implementa. Y, entre llaves, el código de los métodos que sustituir de la clase base, o que implementar del interfaz; como puede verse en el ejemplo siguiente:

```
class clases_as {
    public boolean metodo_hacer_as () {
        return true;
    }
}
class clases_bes {
    public boolean metodo_hacer_bes () {
        clases_as objeto_anonimo = new clases_as {
            public boolean metodo_hacer_as () {
                boolean ret = metodo_hacer_as ();
                return ! ret; // Retorno la negación.
            }
        }
        return objeto_anonimo.metodo_hacer_as ();
    }
}
```

Esto se utiliza en casos concretos donde queremos escribir código para un método de "**un solo uso**" porque, en muchos casos, con el uso de objetos instanciados podemos realizar lo mismo. Por ejemplo:

```
class clases_bes {
    public boolean metodo_hacer_bes () {
        clases_as clase_a = new clases_as ();
```

```
        boolean ret = clase_a.metodo_hacer_as ();
        return ! ret; // Retorno la negación.
    }
}
```

Por tanto, **un objeto puede parecer ser de una clase, pero tener comportamientos modificados, al sustituir sus métodos mediante la virtualización.** Igual que una variable que referencia una acción, puede apuntar hacia un comportamiento (función) en una parte del código, y referenciar otro en otra parte del código.

Los métodos y atributos estáticos

Puesto que una clase agrupa los métodos que manejan los atributos que posee, todos esos métodos precisan una instanciación de la clase para que exista memoria donde almacenar los datos. Sin embargo, la definición de atributos se corresponde con la lógica de la definición de una entidad del mundo real, adaptada a las necesidades de la aplicación a desarrollar. Y por ello, no sería extraño que existieran métodos que no necesitan usar los datos de la clase, pero que sí tuvieran relación con la entidad. Por ejemplo, una clase que representa las fechas, puede tener un método que reste dos fechas que se le pasen como parámetro. En ese caso, no depende de los atributos de la clase "fechas". Pero, conceptualmente, sí pertenece a esa entidad.

Para resolver esa situación se pueden definir métodos estáticos, los cuales no necesitan que se instancie un objeto de esa clase. El método estático en Java más común es: "main". Pero podemos crear otros empleando la palabra clave "static". E igual ocurre en C++ y en Php.

De igual manera, podemos crear atributos estáticos, para los que no se reserva memoria cada vez que se instancia la clase en un objeto. Los atributos estáticos existen y son únicos. Y son independientes de las instanciaciones de la clase, aunque se define dentro de ella.

Para llamar a un método o atributo estático hay que poner delante el nombre de la clase a la que pertenece. Por ejemplo:

```
principales::main ();
```

El polimorfismo de métodos

Los métodos de una clase reciben un nombre, que se recomienda que tengan un verbo en infinitivo seguido de un objeto directo descriptivo. Y, luego, le sigue la lista de parámetros.

Una novedad que introdujo la programación orientada a objetos fue la posibilidad de que el nombre de un método pudiera repetirse. Siempre y cuando, los parámetros que le siguen fueran distintos, en número o en tipo. A eso se le denominó "**poliformismo de método**". E igual se hizo en C++ con los operadores, dando lugar al "poliformismo de operador", que no se recomienda utilizar.

La ventaja del polimorfismo es que podemos pensar que estamos creando métodos con combinaciones variables de parámetros, tanto en número como en cantidad. Además, tenemos que memorizar menos nombres de métodos, pues los que hacen lo mismo, aunque manejando distintos datos, reciben el mismo nombre.

En C++ el polimorfismo dio lugar a que los nombres de los métodos tuvieran un nombre interno distinto al que el programador le daba, para incluir la información de los parámetros. A eso se le denominó "**decoración de nombres**" (name mangling). Y supuso una dificultad a la hora de mezclar código C y C++ bastante incómoda.

No todos los lenguajes orientados a objetos soportan el polimorfismo. Pues consideran que es mejor describir con palabras las diferencias de los métodos, que mediante los parámetros.

Llamar a los métodos de una clase

Los métodos que pertenecen a una clase pueden ser: estáticos, lo que significa que no dependen de los atributos y métodos, de la clase en la que están declarados. Y pueden ser métodos de clase.

Para llamar a un **método de clase**, se pone el nombre del objeto (creado con "new") y luego, tras el accesor al método, el nombre del método y sus parámetros.

En C++, para un objeto se escribiría:

```
objeto.metodo (parametro);
```

Y para una referencia se escribiría:

```
objeto->metodo (parametro);
```

En Java: `objeto.metodo (parametro);`

En JavaScript: `objeto.metodo (parametro);`

En Php: `objeto.metodo (parametro);`

En C y Epi no se pueden llamar de esta manera. Los métodos son tratados como funciones normales (estáticas) y se debería pasar su objeto como un parámetro: `método (objeto, parametro);`

Los **métodos estáticos** se llaman indicando el nombre de la clase a la que pertenecen, en lugar del objeto instanciado: `clases_nombre::metodo (objeto, parametro);`

Los métodos de clase, no los métodos estáticos, reciben un parámetro adicional, no declarado, que recibe el nombre de "this" y que da acceso a los atributos y métodos, de la instancia que ha llamado al método que se está ejecutando. Es decir, que, cuando un objeto llama a un método de sí mismo, éste tiene acceso al objeto a través de la palabra clave "this", que funciona como si fuera un parámetro adicional que da acceso al "objeto llamante".

En C++ "this" es una referencia, y se utiliza con "->".

En Java es un objeto, y se utiliza con ".".

En JavaScript es un objeto, y se utiliza con ".".

En Php se denomina $this, y se utiliza con "->".

En Epi y C, no existe "this".

Además de "this", Java incluye el objeto "super" que da acceso a la clase base de la que hereda; Php tiene el identificador clave "parent::" que da acceso a la clase padre.

Los constructores

Dado que una clase tiene atributos y funciones, y que su instanciación se realiza con el operador "new". Entonces, para dar el valor inicial a los atributos de una nueva instancia, **cuando sus datos de inicio no son simples**, se debería escribir un método específico. De lo que resulta que, dentro de las clases, hay dos modos de dar un valor inicial a un atributo:

- **Asignándoselo en la declaración de la clase**, por ejemplo:

```
class ejemplos {
    int atributo = 100;
```

}

- **Mediante una función que se llame después de la instanciación.**

La segunda opción es más flexible y se aproxima más al principio inicial de la POO, de que todo sea gestionado por los métodos. De modo que existe **un tipo especial de método** en las clases para darle los valores de inicio a la nueva clase instanciada. Ese método se denomina "**constructor**" y tiene algunas peculiaridades:

- No es necesario llamarlo. Por el hecho de utilizar "new", el método "**constructor**" es llamado.
- No retorna ningún valor. Es decir, no se puede comprobar su retorno. Por lo que solo le quedan las excepciones para notificar sus errores. Y, por tanto, debe tener un código muy sencillo que no falle prácticamente nunca o lo haga en casos muy excepcionales.
- Podemos tener varios constructores, diferenciándolos por sus parámetros (En C++ y Java).
- Si existe herencia de clases, debemos asegurarnos de que se llaman a los constructores de todas las clases de la línea hereditaria. En el caso de la herencia múltiple esto es más complejo, por lo que no se recomienda el uso de esta herencia.

En C++ y Java, los constructores tienen el mismo nombre que la clase.

En JavaScript, el constructor es una función normal y corriente, pero que es llamada después de "new". Todo lo que añade esa función, al parámetro no declarado "this", sirve para instanciar al nuevo objeto.

En Php, el constructor tiene siempre el mismo nombre, y solo hay uno. Se denomina "__construct". En Php, si se quiere llamar al constructor padre de una clase, hay que utilizar: "parent::__construct".

En C, el equivalente a un constructor sería una función que reserve memoria dinámicamente para una estructura, y le de sus valores iniciales.

En Epi, el equivalente a un constructor sería una acción que modifique un parámetro añadiéndole dinámicamente nuevos atributos mediante la instrucción:

```
global: <atributo> de <parámetro>.
```

Los destructores

Si existe una función que da valores iniciales, automáticamente, al instanciarse un objeto. Por qué no definir una función que se llame, automáticamente, al destruirse un objeto.

De esa manera surgió el concepto de "**destructor**", que tiene unas características particulares:

* No tienen tipo de retorno. No retornan valor alguno.
* No tienen parámetros.
* Deben ser públicos obligatoriamente.

En C++ el destructor tiene el nombre de la clase con el símbolo tilde larga (~) delante.

En Java se denomina: "finalize".

En Php el método se denomina: "__destruct".

Sin embargo, en C++ el destructor se llama cuando el alcance de la declaración del objeto termina. Así, cuando el bloque de código donde se declaró finaliza, el objeto es destruido.

Pero en Java no ocurre así, pues cada referencia compartida de un objeto obliga a que éste no sea destruido. Además, la destrucción final del objeto la decide un proceso interno denominado "recolector de basura".

En Php tampoco se puede conocer cuándo se destruye. Pues solo lo hará cuando no esté referenciado. De modo que, si se comparte, no se destruye al terminar el alcance del objeto, sino cuando, además, deje de tener variables que lo referencian.

En general, no es conveniente hacer uso de los destructores. Las operaciones de apertura-cierre pueden necesitarlo para evitar trabajo al programador. Pero eso dificulta la gestión de errores, y generar excepciones que pueden producirse fuera del control lógico de la secuencia del código.

JavaScript no tiene destructores, ni C, ni Epi. Esto obliga a los programadores a realizar las operaciones de cierre manualmente. Lo que documenta mejor el código. Aunque hace que se puedan producir errores, si no se realizan las llamadas de cierre.

Como comentario respecto a la programación con ayudas implícitas, resulta ser prácticamente igual de problemática que la que no tiene automatismos. Ya que, finalmente, solo las pruebas exhaustivas garantizan el comportamiento correcto del código. Y los fallos de apertura-cierre son detectados con facilidad.

Las excepciones

En el desarrollo de los lenguajes de programación orientada a objetos, surgió la posibilidad de corregir un problema con el que los desarrolladores ya se habían encontrado. Y era que, muy a menudo, tenían que cambiar alguna función porque no habían incluido en ella las rutinas de notificación de errores.

Esto ocurre porque, cuando se implementa un código para resolver un problema, es habitual concentrarse en los datos que se necesitan y en los datos que se deben obtener. Y no se tratan los aspectos colaterales, como es el envío de información relativa a los errores de ejecución.

Además, existía otro problema, que era que ciertos errores no eran capturados fácilmente desde la programación funcional-procedural, debido a las limitaciones de los operadores binarios. Así, el operador dividir (/) podía terminar el programa si se encontraba un 0 en el divisor, o si el resultado era tan grande que no se podía representar con los bits reservados para los números. Esos casos suponían excepciones graves de funcionamiento.

En programación orientada a objetos se establecieron las excepciones para tratar ambas situaciones:

- Errores de los métodos que no contemplaban mecanismos para su notificación.
- Errores de los operadores binarios.

Anteriormente, se recurrían a variables globales para notificar errores y para otros cometidos. Lo que daba muchísimos problemas, pues no estaban encapsuladas dentro de grupos que delimitaran quién hacía uso de ellas y quién no. Por ese motivo, entre otros, la recomendación es evitar las variables globales al máximo.

Las "**excepciones**" permiten que un método finalice un programa informando de las causas. También permiten que puedan ser tratadas y que el programa no termine. Para ello se establece el mecanismo de **"captura de excepciones"**.

Cuando un código llama a métodos que lanzan excepciones puede optar por capturarlas o no hacerlo. Si no lo hace, y se lanzan, el programa finalizará.

Para capturar las excepciones se debe definir un bloque de código **donde se capturan**. Comienza con "try" en C++, Java, JavaScript y Php; y no se pone nada en Epi, pero la acción debe ser de tipo `""interfaz""`.

En ese bloque se capturan las excepciones y son redirigidas al bloque siguiente. El bloque de los **capturadores** (`catch`).

Las excepciones rompen completamente la ejecución del código. De manera que, si un método, dentro de `try`, llama a otro, que llama a otro que llama a otro, el cual lanza una excepción; la transmisión de la excepción destruye toda la pila de parámetros, hasta que regresa al bloque `try`, saltando a la sección de captura (`catch`).

Esto es un comportamiento difícil de seguir y que impide la recuperación de errores en el nivel de profundidad de llamadas a métodos donde se produjo. Por ello, la recomendación es emplear las excepciones solo en los casos cuya gravedad es tal que no se puede continuar la ejecución.

Los capturadores siguen al bloque "try" y comienzan con "catch". Luego, entre paréntesis, el tipo de excepción y la variable recibida. Y, después, el bloque de tratamiento de la excepción. El cual suele tener, simplemente, la notificación al usuario del error producido. Y, si puede, continúa el programa en un punto seguro, lejos del código donde se produjo el error.

Se pueden poner muchos capturadores, en función de las diferentes clases correspondientes con el objeto que se envía con la información del error. Pero **si hay relación de herencia entre esas clases, primero deben ponerse las herederas y, luego, las clases base**. Pues, de otra manera, se ejecutarían las rutinas de la clase base, ya que existe una adaptación a ella que lo permite.

En Epi solo hay una sección de captura, comienza por "tratarexcepcion:" y le sigue el "objetoexcepcion" que debe contener texto con el mensaje de error. Dicha sección siempre está al final del cuerpo de las acciones de tipo `""interfaz""`.

Para **lanzar una excepción**, en cualquier parte del código, se emplea la palabra clave "throw" y le sigue un objeto de la clase de las excepciones. En Epi se emplea la palabra clave "finexcepcion:" seguida de una variable con el mensaje de error.

En C++ y Java, es necesario indicar que el método lanza excepciones, y se usa la palabra clave "throws" para ello; seguida de las clases correspondientes a los posibles objetos lanzados al producirse la excepción, que serían recogidos con "catch".

Los espacios de nombres

La intención de crear una encapsulación mejorada de los atributos, poniéndolos en clases, se quedó poco desarrollada cuando se permitió que los atributos públicos fueran accesibles directamente, y no a través de métodos. Los atributos públicos estáticos podían emplearse para sustituir a las variables estáticas, siendo muy semejantes y dando lugar a los mismos problemas. Aunque con la mejoría de conocer dónde se habían declarado, es decir, en qué clase.

La llegada de los **espacios de nombres** permitió que los nombres de las clases estuvieran dentro de agrupaciones mayores. Semejantes a las carpetas, que están dentro de subcarpetas, dando lugar a una organización jerárquica. Esto posibilitaba que los nombres de clases, métodos y atributos pudieran diferenciarse mejor. Pues se evitaban los casos en los que coincidían.

Desde el punto de vista de la encapsulación, los espacios de nombres permiten estructurar mejor las declaraciones de clases, métodos y atributos. Y, si se utilizan con los principios iniciales del concepto de las clases, permiten que se localicen mejor los elementos implicados en un grupo de funcionalidades. Lo ideal sería que todo lo relativo a un espacio de nombres no debería salir de ese espacio.

Conceptualmente, todo un bloque funcional se correspondería con un espacio de nombres. Y debería tener un único punto de entrada; aunque tenga muchos objetos estáticos disponibles de manera pública. Algo semejante a la función "main" de las aplicaciones.

Sin embargo, ese modelo tipo "embudo", con un único punto de entrada, resulta muy complicado de implementar. Y, finalmente, los espacios de nombres acaban empleándose, principalmente, para evitar duplicidades de nombres.

La programación funcional-procedural puede imitar los espacios de nombres; si les da nombre a las funciones y a las variables, utilizando prefijos como elementos equivalentes a los espacio de nombres. Pero su mantenimiento es más complicado ya que el prefijo es obligatorio en cada elemento, mientras que el espacio de nombres se indica una vez por cada archivo.

En C++, se utiliza:

```
namespace nombre_espacio {
    int elemento;
    <código perteneciente al namespace>
}
```

Los espacios de nombres se separan con dos dos-puntos (::). Y para indicar su uso se utiliza using:

```
using nombre_espacio;
```

En caso de conflicto, se pone el nombre del namespace delante del elemento:

```
nombre_espacio::elemento
```

En Java, se emplean paquetes: package. Y se indica su uso con la importación de los mismos: import, donde se indican las clases que se importan. El separador de los espacios de nombres es el punto. Y se pueden importar todas las clases de un paquete, si se usa el comodín asterisco (*).

En JavaScript, los espacios de nombres son variables que reciben objetos de clases anónimas; definidas mediante el código entre llaves ({}). Se pueden anidar las clases anónimas para crear los niveles de profundidad de los espacios de nombres. El separador es el punto (.).

```
var espacio_1 = {
    var espacio_2 : {
        ...
    }
}
```

En Php, se usa la palabra reservada "namespace" para crearlo en todo un archivo, y debe ser la primera sentencia del mismo. Le sigue el nombre. Puede ir seguido de un bloque de llaves para delimitarlo a un alcance menor que el del archivo. El separador es la barran invertida (\) semejante a un separador de carpetas de Windows.

```
<?php
namespace nombre_espacio {
```

```
        int elemento;
        <código perteneciente al namespace>
}
?>
```

Para identificar con precisión los nombres, se pone delante del elemento la parte de la ruta necesaria para diferenciarlo. No es necesario ponerlo cuando no hay conflictos.

```
nombre_espacio\elemento
```

En Epi no hay espacios de nombres, pero se emplean las entidades para agruparlos. Sin embargo, no existen instrucciones para definir un espacio de nombres, o para usarlo, por lo que debe ponerse siempre el nombre de la entidad. El separador de los espacios de nombres es "de".

Otros elementos

Además de lo explicado sobre POO, existen más características que son específicas de cada lenguaje. Así:

- C++ tiene un tipo de funciones denominadas "friend" y un tipo de clases especiales denominada "template" (plantilla) para utilizar metadatos.

- Java tiene unas clases especiales para manejar metadatos semejantes a las plantillas de C++ en concepto, pero no en su implementación", empleando "generic types".

- Php incluye un tipo de instrucción que se aproxima en cierta medida la herencia múltiple mediante el uso de "traits".

Opiniones sobre la POO

La programación funcional-procedural presentaba una serie de problemas de gestión del código:

- Poca reutilización.
- Modularidad indefinida.
- Uso de variables globales sin indicación de visibilidad o de vinculación entre las funciones que las usaban.

La programación orientada a objetos resolvía la modularidad. Pues los métodos y los atributos, se englobaban en clases. Y, aunque no impedía el problema de las variables globales sin vinculación con los métodos que las usan; permitía, con las clases y los namespaces, una mejoría frente a dicho problema.

Respecto a la reutilización, la POO no ha probado que ofrezca una gran mejora. Es el análisis y diseño, previo, el factor condicionante para lograrla.

Como aspectos negativos, encontramos que:

- Es más difícil aprender POO que programación funcional-procedural. Pues tiene más palabras clave, y más elementos que definir: herencia, visibilidad, etc. Además, en algunos lenguajes, como Java y JavaScript, se da distinto tratamiento a la asignación de variables de tipos básicos que a la asignación de objetos.

- Presenta un mecanismo de captura de errores, las excepciones, que rompen la secuencia lógica del código, lo que añade una complicación en su seguimiento.

- Evita el uso de referencias a funciones, pero añade un mecanismo de sustitución de funciones, la virtualización, que es tan complejo, o más, que el otro.

- Dificulta añadir métodos a las clases. Pues obliga a la regeneración de todo el código que hace uso de ellas. O a emplear el mecanismo de la herencia para solucionarlo, lo que resulta artificioso en muchos casos.

Tras realizar análisis y diseño, orientado a objetos, durante mucho tiempo; la experiencia muestra ciertos problemas que no están suficientemente resueltos (lo que no significa que sí lo estén en la programación funcional-procedural). Alguno de ellos son:

- Al poder restringir el alcance de los datos a su visibilidad dentro de la clase en la que se declaran, surgen dos modos de acceder a ellos desde dentro de un método:
  - o Pasándolos como parámetros.
  - o Accediendo a ellos desde "this".

Esto genera una división en cuanto a la forma de programar los métodos. Bien con un número pequeño de parámetros y usando atributos, como parámetros; o bien pasando la mayoría de los datos como parámetros, aunque que podrían ser atributos de la clase. El criterio de diseño, a elegir para el método, obliga a definir un planteamiento que no está concretado en el paradigma.

- La gestión de errores se puede manejar de tres modos:

- o Mediante **parámetros de salida**, con el mensaje de error.
- o Mediante **variables globales o atributos de clase**. Con el objetivo de retornar el mensaje de error sin afectar a los parámetros. Lo que no se recomienda, pues genera dependencias externas a la función que no se indican en su **"firma"** (también denominada como: su **"cabecera"**, o su **"información para llamarla"**).
- o Mediante **excepciones**. Lo que puede finalizar el programa, si no son capturadas. Y provocan saltos en la secuencia de ejecución que no siguen la secuencia de llamadas. Este método se recomienda emplearlo para las circunstancias más graves, únicamente.

- Añadir métodos o atributos obliga a reconstruir todo el código que hace uso de esa clase. Pues su declaración se ve modificada. Esto ocurre con las estructuras estáticas, pero no con las estructuras dinámicas.

- Se añaden más métodos y atributos de los que realmente se necesitan, ya que el diseño se orienta al objeto, no hacia la solución funcional que el desarrollo precisa.

- La reutilización sigue siendo muy pobre. A pesar de que las clases deberían estar aisladas de la aplicación para la que se diseñaron, no suele ser así. Y modificarlas no es factible, sino que hay que extenderlas empleando la herencia, lo que acaba favoreciendo la reescritura de la clase.

- Las restricciones de visibilidad se vuelven en contra del programador cuando intenta reutilizarlas. A veces un atributo o método, privado, sería deseable que no lo fuera. Por ese motivo, resulta más flexible que todo tenga el alcance mayor.

- El uso del polimorfismo documenta peor el método, pues no informa de las diferencias de ejecución que pudieran tener.

- El uso de la sustitución de métodos da lugar a cambios en los comportamientos de los objetos adaptados (casting) que causan dificultades para comprender su motivo y su causa. Esto se debe a que no es frecuente hacer dichas sustituciones; y a que no se suele pensar en ellas para explicar los resultados inesperados. En C++ solo se indican con "virtual"; pero en Java y Php, no se indica de ninguna manera, lo que las hace más inesperadas.

- La existencia de clases, de clases abstractas, y de interfaces, genera decisiones de diseño entre más alternativas que en otros paradigmas de programación. En ocasiones, la reutilización de código hubiera hecho más recomendable el uso de interfaces, pero no se tuvieron en cuenta. Sin embargo, los interfaces obligan a escribir más código y, a menudo, no son necesarios. Todo ello lleva a dudas y cambios de opiniones, que no agilizan el desarrollo; y que no aportan, finalmente, demasiadas mejoras de cara al desarrollo práctico que se persigue.

- La POO precisa de mayor cantidad de código para conseguir un resultado semejante. Pues fuerza a crear clases donde solo se creaban funciones; y a definir herencias, visibilidades, sustituciones, etc.

Dado el trabajo adicional de programación, y el poco beneficio práctico obtenido, algunos equipos de trabajo han regresado a la programación funcional-procedural. Pero conservando algunas de las ventajas de la programación orientada a objetos. Como los espacios de nombres. O la encapsulación de todos los datos dentro de estructuras, evitando al máximo el uso de variables globales. O forzando una modularidad dirigida por el objeto, que en algunos casos denominan sujeto o entidad; en lugar de por otros criterios, o por la aleatoriedad pura.

Algunos de los objetivos de la POO no han resultado prácticos, como el polimorfismo de operadores o la herencia múltiple. Por otro lado, ciertos lenguajes de POO, como Java y JavaScript, fuerzan a que todas las clases hereden de una clase padre implícita: la clase "objeto" primera (Object). Lo que hace más cómodo el tratamiento de todos los objetos como si fueran uno solo; empleando el sistema de adaptación (casting) que la división jerárquica de clases proporciona. Sin embargo, el mantenimiento y la reutilización del código, sigue siendo poco exitosa ya que:

- Utilizar un método de una clase, implica crear un objeto nuevo con todos los atributos y métodos, de esa clase. O, si es estático, a importar toda esa clase.

- Modificar un método para que tenga un parámetro más, obliga a regenerar todo el código que hacía uso de esa clase. Igualmente, añadir una excepción a un método, obliga a regenerar todo el código que hacía uso de esa clase.

- En general, cualquier cambio en una clase obliga a regenerar todo el código que la utilizaba.

- Cada vez se añaden, a los lenguajes de POO, más elementos para suplir sus carencias. Lo que añade más complejidad, y alternativas de programación que causan dudas sobre qué modo de diseño utilizar.

Para resolver estos problemas, no es necesario desarrollar un nuevo paradigma de programación. Resultando mejor revisar lo ya existente, eliminando lo más complicado. Y añadiendo buenas prácticas que favorezcan el agrupamiento funcional organizado, es decir, buscar la mejor modularidad desde el punto de vista del mantenimiento del código y de su reutilización. Algunas propuestas serían:

- Para resolver el problema de que cambiar una clase obligue a regenerar todo el código que la utilice, se puede definir un **mecanismo dinámico de creación de clases**. En vez de las estructuras estáticas tradicionales. La mayoría de los lenguajes de programación lo permiten.

- Para resolver el problema de añadir un parámetro a un método, o función, y que sea preciso regenerar todo el código, se pueden emplear las técnicas de **paso variable de parámetros**:
   o Crear un parámetro final como un mapa clave-valor, donde los valores pueden ser de múltiples tipos.
   o Crear funciones con de parámetros variables, el primero con su nombre y el segundo con su valor, de modo que puedan ser de tipos distintos.

- Favorecer la reutilización; independizando las funciones y métodos, de las clases a las que pertenecen; por medio de obligar a que el **parámetro "this" sea explícito, y de estructura dinámica**. Las clases se construyen dinámicamente indicando las referencias a sus métodos en ese momento.
   o Los métodos pasan a ser **estáticos**.

- Mejorar la modularidad, al **igualar el nivel de método o función, con el de archivo**. Utilizando sus nombres para indicar el espacio de nombres al que pertenecen.

El lenguaje Epi favorece estas propuestas; ya que no posee estructuras estáticas, y su modularidad es a nivel de acción. Pero sería factible emplear los otros lenguajes de programación existentes para seguir el mismo criterio. De hecho, Epi no ha sido creado para que genere código directamente ejecutable, sino código en otro lenguaje de programación.

Ejemplos sencillos

Los ejemplos que se presentan a continuación, se corresponden con el formato teórico resultante de generar código desde Epi a C, C++, Java, JavaScript, y Php. En el momento de escritura de este libro aún no se han finalizado los desarrollos correspondientes con los traductores que se necesitarían. Pero el código de ejemplo sirve para documentar las tres modalidades de programación propuestas: programación funcional sin operadores, programación funcional simple, y programación funcional simple orientada a objetos.

¡Hola mundo!

Conforme al concepto de los espacios de nombre, se recomienda que el nombre de la acción tenga, como sujeto, el agrupador de la entidad principal que se ve afectada por su comportamiento.

Debemos tener en cuenta que, en Epi, todos los parámetros son por referencia. Por lo que un parámetro constante debe ser convertido a variable por medio de la creación de una variable temporal. En la implementación del traductor de Epi que utilizamos (teórica), todos los datos son representados por la misma estructura, denominada "objeto_epi". Y, también hay que indicar que, si no se indica ni finmal ni finbien, se entiende que la acción termina finbien, por defecto, excepto si hubo un error y hay tratamiento de errores.

Código Epi de tipo procedimiento (versión 1):

```
accion:
    pantalla poner hola mundo
entrada:
salida:
dependencia:
accionfin:
    "terminarfinmal"
acciontipo:
    "procedimiento"
pantalla escribir ("¡Hola mundo!")
finaccion
```

Como mejora adicional (versión 2), se podría indicar que su primer parámetro es un objeto de la "clase dinámica" que representa a esa "entidad". En ese caso, el parámetro puede contener referencias a métodos de la entidad, como sería corriente en la POO. Pero invirtiendo el orden. Ya que, en Epi, el nombre del atributo o del método, se ponen delante del objeto, y empleando "de".

Versión 2:

```
accion:
    pantalla poner hola mundo
entrada:
    su_pantalla tipo: pantalla
salida:
dependencia:
    escribir de su_pantalla (...)
accionfin:
    "terminarfinmal"
acciontipo:
    "procedimiento"
escribir de su_pantalla ("¡Hola mundo!")
finaccion
```

Teniendo en cuenta que accionfin es "terminarfinmal" (por lo que el traductor tiene que añadir el código de comprobación de errores), las traducciones a C, C++, Java, JavaScript y Php, podrían ser las siguientes:

- El código C. Versión 1:

```
#include "objeto_epi.h"

int pantalla_poner_hola_mundo (...)
{
    int ret = 1;
    char * temp_1 = "¡Hola mundo!";
    objeto_epi temp_2;
    if (! objeto_epi_crear_desde_frase (temp_1, temp_2)) {
        return 0;
    }
    if (! pantalla_escribir (temp_1)) {
        return 0;
    }
    return ret;
}
```

Versión 2:

```
#include "objeto_epi.h"

#include "pantalla.h"

int pantalla_poner_hola_mundo (struct objeto_epi *
    su_pantalla, ...)
{
```

```
    int ret = 1;
    char * temp_1 = "¡Hola mundo!";
    struct objeto_epi temp_2;
    if (! objeto_epi_crear_desde_frase (temp_1, temp_2)) {
        return 0;
    }
    if (! su_pantalla->escribir (temp_2)) {
        return 0;
    }
    return ret;
}
```

- En C++. Versión 1:

```
// Código para ser incluido en: pantalla.hpp
public:
static bool pantalla::poner_hola_mundo (...)
{
    bool ret = true;
    string temp_1 = new string ("¡Hola mundo!");
    objeto_epi temp_2 = new objeto_epi ();
    if (! objeto_epi::crear_desde_frase (temp_1, temp_2)) {
        return false;
    }
    if (! pantalla::escribir (temp_2)) {
        return false;
    }
    return ret;
}
```

Versión 2:

```
// Debe modificarse: pantalla.hpp
#include "pantalla.hpp"

public:
static bool pantalla::poner_hola_mundo (objeto_epi &
    su_pantalla, ...)
{
    bool ret = true;
    char * temp_1 = "¡Hola mundo!";
    objeto_epi temp_2 = new objeto_epi ();
    if (! objeto_epi::crear_desde_frase (temp_1, temp_2)) {
        return false;
    }
    if (! su_pantalla->escribir (temp_2)) {
        return false;
    }
}
```

```
        return ret;
}
```

- En Java. Versión 1:

```java
import objeto_epi;
import pantalla;

public class pantalla_poner_hola_mundo {
    public static boolean accion (Object ...)
    {
        int ret = true;
        String temp_1 = new String ("¡Hola mundo!");
        objeto_epi temp_2 = new objeto_epi ();
        if (! objeto_epi::crear_desde_frase (temp_1,
          temp_2)) {
            return false;
        }
        if (! pantalla_escribir::accion (temp_2)) {
            return false;
        }
        return ret;
    }
}
```

    Versión 2:

```java
import objeto_epi;
import pantalla;

public class pantalla_poner_hola_mundo {
    public static boolean accion (objeto_epi su_pantalla,
      Object ...)
    {
        boolean ret = true;
        String temp_1 = new String ("¡Hola mundo!");
        objeto_epi temp_2 = new objeto_epi ();
        if (! objeto_epi::crear_desde_frase (temp_1,
          temp_2)) {
            return false;
        }
        if (! su_pantalla.escribir (temp_2)) {
            return false;
        }
        return ret;
    }
}
```

- En JavaScript. Versión 1:

```
function pantalla_poner_hola_mundo ()
{
    var ret = true;
    var temp_1 = "¡Hola mundo!";
    var temp_2 = new objeto_epi ();
    if (! objeto_epi.crear_desde_frase (temp_1, temp_2)) {
        return false;
    }
    if (! pantalla_escribir (temp_2)) {
        return false;
    }
    return ret;
}
```

Versión 2:

```
function pantalla_poner_hola_mundo (su_pantalla)
{
    var ret = true;
    var temp_1 = "¡Hola mundo!";
    var temp_2 = new objeto_epi ();
    if (! objeto_epi.crear_desde_frase (temp_1, temp_2)) {
        return false;
    }
    if (! su_pantalla.escribir (temp_2)) {
        return false;
    }
    return ret;
}
```

- En Php. Versión 1:

```
include_once "objeto_epi.php";

function pantalla_poner_hola_mundo (...)
{
    $ret = true;
    $temp_1 = "¡Hola mundo!";
    $temp_2 = new objeto_epi ();
    if (! objeto_epi::crear_desde_frase ($temp_1, $temp_2))
      {
        return false;
    }
    if (! pantalla_escribir ($temp_2)) {
        return false;
    }
    return $ret;
}
```

Versión 2:

```
include_once "objeto_epi.php";
include_once "pantalla.php";

function pantalla_poner_hola_mundo ($su_pantalla, ...)
{
    $ret = true;
    $temp_1 = "¡Hola mundo!";
    $temp_2 = new objeto_epi ();
    if (! objeto_epi::crear_desde_frase ($temp_1, $temp_2))
    {
        return false;
    }
    if (! su_pantalla->escribir ($temp_2)) {
        return false;
    }
    return $ret;
}
```

Elementos básicos en Epi

Para poder realizar la traducción desde Epi a C, C++, Java, JavaScript, y Php; se necesita que todas las acciones de las que dependen las acciones que traducir, existan y sean traducibles a esos lenguajes de programación.

Todas las funciones en Epi siguen los principios de: retornar un valor booleano, que todos los parámetros son por referencia, y que tienen un número variable de parámetros adicionales.

Para adaptar una acción a un lenguaje de programación en particular, se utilizan las acciones de tipo 'interfaz'. En su código, se pueden insertar fragmentos de código que no es Epi, sino que pertenece a otro lenguaje de programación.

Para permitir que existan funciones con el mismo nombre en Epi (polimorfismo), se utiliza un diferenciador en el nombre. Pero que no pertenece al nombre de la acción, sino que es un "comentario diferenciador" que sirve para discriminar entre las acciones de igual nombre. Por tanto, una aplicación solo puede utilizar un nombre único cada una de sus acciones. No permitiéndose que los mezcle.

En el comentario se recomienda incluir el lenguaje, distinto de Epi, utilizado, la versión de código y alguna pista sobre su implementación.

Así pues, utilizaremos las siguientes acciones de interfaz en Epi para los distintos lenguajes, y su traducción:

- C y C++. Acción Epi:

```
accion:
    pantalla escribir // C, C++. v1.0. (printf)
entrada:
    texto tipo: ""
salida:
dependencia:
accionfin:
    "terminarfinmal"
acciontipo:
    "interfaz"
noepi:
    printf (texto);
epi:
tratarexcepcion: objetoexcepcion
finaccion
```

El código C sería:

```
#include "objeto_epi.h"

int pantalla_escribir (objeto_epi * texto, ...)
{
    int ret = 1;
    printf (texto->dato);
    return ret;
}
```

El código C++ sería:

```
// Debe modificarse: pantalla.hpp
#include "pantalla.hpp"

public:
static bool pantalla::escribir (objeto_epi & texto, ...)
{
    bool ret = true;
    printf (texto.dato);
    return ret;
}
```

- Java. Acción Epi:

```
accion:
    pantalla escribir // Java. v1.0. (print)
```

```
entrada:
    texto tipo: ""
salida:
dependencia:
accionfin:
    "terminarfinmal"
acciontipo:
    "interfaz"
noepi:
    System.out.print (texto);
epi:
tratarexcepcion: objetoexcepcion
finaccion
```

El código Java sería:

```
import objeto_epi;
import pantalla;

public class pantalla_escribir {
    public static boolean accion (objeto_epi texto, Object
    ...)
    {
        boolean ret = true;
        System.out.print (texto.dato);
        return ret;
    }
}
```

- JavaScript. Acción Epi:

```
accion:
    pantalla escribir // JavaScript. v1.0. (alert)
entrada:
    texto tipo: ""
salida:
dependencia:
accionfin:
    "terminarfinmal"
acciontipo:
    "interfaz"
noepi:
    alert (texto);
epi:
tratarexcepcion: objetoexcepcion
finaccion
```

El código JavaScript sería:

```
function pantalla_escribir (texto)
```

```
{
    var ret = true;
    alert (texto.dato);
    return ret;
}
```

* Php. Acción Epi:

```
accion:
    pantalla escribir // Php. v1.0. (echo)
entrada:
    texto tipo: ""
salida:
dependencia:
accionfin:
   "terminarfinmal"
acciontipo:
   "interfaz"
noepi:
    echo (texto);
epi:
tratarexcepcion: objetoexcepcion
finaccion
```

El código Php sería:

```
include_once "objeto_epi.php";
include_once "pantalla.php";

function pantalla_escribir ($texto, ...)
{
    $ret = true;
    echo $texto->dato;
    return $ret;
}
```

Manejando entidades

Las entidades de Epi vienen a ser un equivalente a las estructuras de datos o a los objetos. Para crear una entidad en Epi, se necesita utilizar una función creadora. Por ejemplo, crear una entidad que represente un libro sería así:

```
accion:
    libro crear
entrada:
    su_libro tipo: libro
salida:
dependencia:
```

```
    titulo de su_libro, isbn de su_libro, editorial de
    su_libro, paginas_num de su_libro, autores_lista de
    su_libro
accionfin:
    "terminarfinmal"
acciontipo:
    "entidad"
global: titulo de su_libro
= ""
global: isbn de su_libro
= ""
global: editorial de su_libro
= ""
global: paginas_num de su_libro
= 0
global: autores_lista de su_libro
= nulo
finaccion
```

En este caso, un "libro" contiene un objeto que representa otra entidad, que será la lista de sus autores. Y "autor" es una entidad que contiene los datos de un autor. Conviene indicar que el modelo de datos de una aplicación no tiene por qué coincidir con el modelo de datos de una base de datos. Por lo que las cardinalidades, y las relaciones entre entidades, se pueden representar de diferente manera.

* El código C resultante sería:

```c
#include "objeto_epi.h"

int libro_crear (objeto_epi * su_libro, ...)
{
    int ret = 1;
    if (! objeto_epi_crear (su_libro, "titulo", "frase",
      "")) {
        return 0;
    }
    if (! objeto_epi_crear (su_libro, "isbn", "frase", ""))
    {
        return 0;
    }
    if (! objeto_epi_crear (su_libro, "editorial", "frase",
      "")) {
        return 0;
    }
```

```
        if (! objeto_epi_crear (su_libro, "paginas_num",
          "entero", 0)) {
            return 0;
        }
        if (! objeto_epi_crear (su_libro, "autores_lista",
          "referencia", null)) {
            return 0;
        }
        return ret;
}
```

- El código C++:

```
// Debe modificarse: libro.hpp
#include "libro.hpp"

public:
static bool libro::crear (objeto_epi & su_libro, ...)
{
    bool ret = true;
    if (! objeto_epi_crear (su_libro, "titulo", "frase",
      "")) {
        return false;
    }
    if (! objeto_epi_crear (su_libro, "isbn", "frase", ""))
      {
        return false;
    }
    if (! objeto_epi_crear (su_libro, "editorial", "frase",
      "")) {
        return false;
    }
    if (! objeto_epi_crear (su_libro, "paginas_num",
      "entero", 0)) {
        return false;
    }
    if (! objeto_epi_crear (su_libro, "autores_lista",
      "referencia", null)) {
        return false;
    }
    return ret;
}
```

- El código Java:

```
import objeto_epi;
import libro;

public class libro_crear {
```

```
    public static boolean accion (objeto_epi su_texto,
    Object ...)
    {
        boolean ret = true;
        if (! objeto_epi_crear (su_libro, "titulo",
          "frase", "")) {
            return false;
        }
        if (! objeto_epi_crear (su_libro, "isbn", "frase",
          "")) {
            return false;
        }
        if (! objeto_epi_crear (su_libro, "editorial",
          "frase", "")) {
            return false;
        }
        if (! objeto_epi_crear (su_libro, "paginas_num",
          "entero", 0)) {
            return false;
        }
        if (! objeto_epi_crear (su_libro, "autores_lista",
          "referencia", null)) {
            return false;
        }
        return ret;
    }
}
```

- El código JavaScript:

```
function libro_crear (su_libro)
{
    var ret = true;
    if (! objeto_epi_crear (su_libro, "titulo", "frase",
      "")) {
        return false;
    }
    if (! objeto_epi_crear (su_libro, "isbn", "frase", ""))
      {
        return false;
    }
    if (! objeto_epi_crear (su_libro, "editorial", "frase",
      "")) {
        return false;
    }
    if (! objeto_epi_crear (su_libro, "paginas_num",
      "entero", 0)) {
        return false;
```

```
    }
    if (! objeto_epi_crear (su_libro, "autores_lista",
      "referencia", null)) {
        return false;
    }
    return ret;
}
```

- El código Php:

```
function libro_crear ($su_libro, ...)
{
    var ret = true;
    if (! objeto_epi_crear ($su_libro, "titulo", "frase",
      "") {
        return false;
    }
    if (! objeto_epi_crear ($su_libro, "isbn", "frase", "")
      {
        return false;
    }
    if (! objeto_epi_crear ($su_libro, "editorial",
      "frase", "") {
        return false;
    }
    if (! objeto_epi_crear ($su_libro, "paginas_num",
      "entero", 0) {
        return false;
    }
    if (! objeto_epi_crear ($su_libro, "autores_lista",
      "referencia", null) {
        return false;
    }
    return ret;
}
```

Peculiaridades de los lenguajes de programación

C

El lenguaje C es el más antiguo de los que se describen en este libro. Por ello tiene características que son consideradas poco prácticas:

- No tiene el tipo booleano.
- No gestiona frases, es decir, cadenas de caracteres (strings).
    - En C las cadenas de caracteres son arrays de letras que terminan en el carácter 0 (\0). Este tratamiento da lugar a gran cantidad de problemas, ya que es muy fácil que el programador olvide terminar una frase con ese finalizador (\0) o que no detecte el fin de cadena leyéndolo del array.
    - C no gestiona implícitamente la longitud de una cadena de caracteres. Y no la extiende cuando se necesita más tamaño.
- Utiliza punteros que no controlan los desbordamientos de almacenamiento. Es decir, que incrementar, o decrementar, el valor de un puntero, cambia la zona de memoria a la que apunta. C permite escribir, o leer, en una zona incorrecta. De modo que el Sistema Operativo puede bloquear la operación y producir un error fatal.
- El sistema de obtención de direcciones, y sus "indirecciones", es poco claro. Pues usa los operadores & y * que ya se emplean para otras operaciones ("y de bits" y multiplicar, respectivamente). Además de no ser natural su uso. Pues se orienta a las expresiones matemáticas en la escritura de código, más que a la descripción con lenguaje natural del modo de resolver un problema.
- Los arrays son de tipo, y tamaño, fijo; y de índice numérico.
- Es fuertemente tipado (obliga a indicar el tipo de dato de todas las variables).
- No tiene modularidad.

C++

Presenta los mismos problemas que C, pero añade algunas características nuevas:

- Aparece el tipo de datos booleano: bool.
- Permite la Programación Orientada a Objetos.
- Integra los struct en la POO.
- Incluye el tipo de datos string, que mejora la gestión de memoria para las cadenas de caracteres que C ofrecía.
- Dificulta en uso de punteros a funciones según el método seguido en C. Siendo mucho más recomendable el uso de funciones virtuales (sustitución de funciones).
- Utiliza un sistema de decoración de nombres de funciones, para permitir el polimorfismo, que ocasiona conflicto entre C y C++.
- Los arrays son de tipo, y tamaño, fijo; y de índice numérico.
- Es fuertemente tipado (obliga a indicar el tipo de dato de todas las variables)
- No tiene modularidad fuertemente definida.

Epi

Este lenguaje es muy reciente, y aún no se ha desarrollado en su totalidad. Ha sido creado pensando en que sea de fácil aprendizaje; y en posibilitar que su código sea compatible con algunos de los lenguajes de programación ya existentes, a nivel de código fuente. Sus características son muy distintas de las de otros lenguajes de programación:

- Inicialmente utiliza el idioma español, pero podría adaptarse para otros idiomas.
- No usa el punto y coma (;) como separador de instrucciones, sino el salto de línea.
- Tiene una estructura de código fuente muy estricta, básicamente:
  - o Cada inicio de bloque va seguido de un salto de línea.
  - o Cada fin de bloque va precedido y seguido, por un salto de línea.
  - o En las asignaciones, cada operador va precedido por un salto de línea. La apertura de paréntesis va seguida por un salto de línea. El fin de paréntesis va precedido y seguido de un salto de línea.

- o En cambio, en las instrucciones condicionales, todo debe ir en una misma línea.
- o Las llamadas a las funciones se hacen en una sola línea; y las instrucciones de control, también.
- Todas las acciones devuelven un valor lógico. Por tanto no son válidas para emplearlas en formulaciones con otros tipos de datos.
- Todas las acciones tienen un número de parámetros variable.
- Todos los parámetros de las acciones son pasados por referencia (pueden ser modificados).
- Las estructuras de datos son dinámicas.
- No tiene arrays (deben usarse acciones para ello).
- No tiene operadores de bit (deben usarse acciones).
- No tiene precedencia de operador para las expresiones booleanas. Deben emplearse paréntesis.
- Permite que los nombres de las funciones tengan espacios en blanco.
- Separa los atributos con espacios en blanco y la palabra clave "de".
  - o Para mencionar un atributo, se pone éste primero y, luego, el nombre de la entidad a la que pertenece. Al contrario de como se hace en los otros lenguajes de programación.
- No es orientado a objetos, pero permite aplicar parte de su "filosofía". Aunque no controla la visibilidad de los métodos y los atributos.
- No tiene constantes con nombre. Todos los datos son susceptibles de sufrir cambios.
- Todas las asignaciones son por copia. Pero tiene un operador de asignación de referencia.
  - o Detecta las referencias y realiza las indirecciones de manera implícita cuando son necesarias.
  - o Solo permite un nivel de indirección.
- Es de tipado débil (no se declaran los tipos de datos). Pero de tipado estricto: una vez que una variable tiene un tipo, no puede cambiarlo.
- Gestiona las cadenas de caracteres por medio de acciones explícitas.

- Permite incluir código que no es Epi en una acción, si es de tipo `""interfaz""`.
- Es modular a nivel de acción. Cada acción (función) es un módulo.
- Limita los nombres de las variables, sujetos, entidades y atributos:
  o No pueden estar en plural.
  o Limita el juego de caracteres, no permite acentos. Solo el alfabeto a minúsculas con la ñ, la ç y el guión bajo (_).
  o No permite el uso de las letras mayúsculas.

Java

El lenguaje Java fue posterior a C++, y se alimentó de la experiencia que le proporcionó. Sus características más peculiares son:

- No está diseñado para la programación funcional-procedural. Solo mediante métodos estáticos puede lograrse algo semejante.
- Todas las clases tienen como padre la clase Object, si no extienden otra.
- Los tipos de datos básicos tienen un tratamiento distinto que los objetos:
  o Las asignaciones son por **copia**.
  o Cuando son pasados como parámetro lo hacen por **copia**.
- Los objetos tienen un tratamiento distinto que los tipos de datos básicos:
  o No se copian en las asignaciones, sino que se comparten (son asignaciones de **referencias**)
  o Cuando se pasan como parámetros, se envía la **referencia** al objeto, y no una copia del mismo.
    ▪ Por tanto, los parámetros que son objetos se pasan por referencia, y los que son tipos de datos básicos se pasan por copia.
- Los operadores de comparación, se comportan diferente en función de que comparen tipos de datos básicos u objetos. En el primer caso, comparan los **valores de los datos** de las variables. En el segundo caso, comparan las **direcciones de memoria** a las que referencia.

- Tiene una clase para gestionar las cadenas de caracteres: String.
- Los arrays son de tipo, y tamaño, fijo; y de índice numérico.
- Es fuertemente tipado (obliga a indicar el tipo de dato de todas las variables)
- Es modular a nivel de clase. Cada clase está en un archivo, y en un paquete (carpeta).

JavaScript

Es un lenguaje de programación diseñado para interactuar con el código HTML de las páginas Web, y para ejecutarse en el navegador (cliente). Algunas de sus características:

- Interactúa de manera excelente con el navegador Web, especialmente mediante el manejo de sus elementos DOM (Document Object Model).
- Gestiona las cadenas de caracteres de manera implícita.
- Es de tipado débil (no se declaran los tipos de datos).
- No controla el número de parámetros que se pasan en las llamadas a una función.
- Permite la modificación de los objetos y los arrays dinámicamente.
- Realiza tratamiento distinto para los tipos de datos básicos, y para los arrays y los objetos. Los primeros, los asigna por **copia** y los pasa como parámetros por **copia**. Los segundos los trata como **referencias** (comparten la memoria), y los pasa como parámetros como **referencias** (modificables).
  - o Esto afecta a las comparaciones, también. Tal y como ocurre con Java.
- Las funciones no pueden modificar los datos de los parámetros que son de tipos básicos. Dos alternativas:
  - o Introducirlos los datos en arrays u objetos; y, luego, actualizarlos en sus variables de origen.
  - o Recoger los cambios en el valor de retorno de la función.
- No es Orientado a Objetos, pero permite seguir su "filosofía". Aunque no tiene control de visibilidad.
  - o Construye objetos con "new", utiliza "this", etc.
- Permite anidamientos en las declaraciones de las funciones. Lo que da lugar a un modalidad de ocultación.

- Tiene arrays de clave numérica, y de clave de cadena de caracteres.
  - o Sus elementos pueden ser de tipos distintos.
  - o Pueden aumentar su tamaño de manera dinámica.
- Crea nuevas variables cuando encuentra nombres de variables que no ha encontrado antes.
  - o Escribir un nombre de variable mal, no será detectado hasta que pase por esa instrucción en el momento de la ejecución. Y puede ocurrir que no se considere un error.
- Presenta restricciones en su comportamiento, por las medidas de seguridad exigidas a los navegadores Web que ejecutan su código.
- Pueden presentar diferencias en el comportamiento para un mismo código, en función del navegador donde se ejecute.
- No permite la detención de la ejecución del guión (script) (no hay una función "sleep" (dormir)).
- No tiene modularidad.

Php

El lenguaje de programación Php ha recibido la influencia de varios lenguajes, de manera que ha ido sumando características hasta llegar a ser muy complejo. Sin embargo, pueden utilizarse, solamente, un subconjunto de sus características. Quedando igual de válido, pero más sencillo.

- Permite programación funcional-procedural y orientada a objeto.
- Es de tipado débil (no se declaran los tipos de datos).
- Todas las variables deben comenzar por el signo dólar ($) (lo que resulta poco natural)
- Tiene operador de referencia (el ampersand o "y de bit" (&)) pero no de indirección (la realiza de manera implícita).
- Tiene arrays de clave numérica, y de clave de cadena de caracteres.
  - o Sus elementos pueden ser de tipos distintos.
  - o Pueden aumentar su tamaño de manera dinámica.
- Las asignaciones las realiza por **copia**.
- Crea nuevas variables cuando encuentra nombres de variables que no ha encontrado antes.

- Escribir un nombre de variable mal no será detectado hasta que pase por esa instrucción en el momento de la ejecución. Y puede ocurrir que no se considere un error.
- Permite incluir código que no es Php, en su archivo.
- No tiene modularidad fuertemente definida.

www.ingramcontent.com/pod-product-compliance
Lightning Source LLC
Chambersburg PA
CBHW071224050326
40689CB00011B/2448